STUDIENKURS SOZIALWIRTSCHAFT

Lehrbuchreihe für Studierende der Sozialwirtschaft, des Sozialmanagements und der Sozialen Arbeit

Die Reihe behandelt die Grundlagen der Sozialwirtschaft sowie ihre Organisationen, Unternehmensformen und Herausforderungen. Dabei widmen sich die Bände den Besonderheiten des Sozialmanagements – Führungsverständnis, Personalmanagement, Qualitätsmanagement, Wissensmanagement und Change Management – und bringen anwendungsbezogene Aspekte wie Projektmanagement, Sozialinformatik oder Gemeinnützigkeits- und Steuerrecht ein. Die konsequente Problemorientierung und die didaktische Aufbereitung der einzelnen Kapitel erleichtern den Zugriff auf die fachlichen Inhalte. Bestens geeignet zur Prüfungsvorbereitung u.a. durch Zusammenfassungen, Wissens- und Verständnisfragen sowie Schaubilder und thematische Querverweise.

Wolfgang Gehra

Social Entrepreneurship

Lektorat: Tamara Haschke

Die Deutsche Nationalbibliothek verzeichnet diese Publikation in
der Deutschen Nationalbibliografie; detaillierte bibliografische
Daten sind im Internet über http://dnb.d-nb.de abrufbar.

ISBN 978-3-8487-8880-4 (Print)
ISBN 978-3-7489-2935-2 (ePDF)

Onlineversion
Nomos eLibrary

1. Auflage 2023
© Nomos Verlagsgesellschaft, Baden-Baden 2023. Gesamtverantwortung für Druck
und Herstellung bei der Nomos Verlagsgesellschaft mbH & Co. KG. Alle Rechte, auch
die des Nachdrucks von Auszügen, der fotomechanischen Wiedergabe und der Übersetzung, vorbehalten. Gedruckt auf alterungsbeständigem Papier.

Vorwort

Social Entrepreneurship erfährt zunehmend Aufmerksamkeit von Seiten der Wissenschaft, Praxis, Medien und Politik. Gleichzeitig sind an die Akteur:innen hohe Erwartungen gerichtet, um die verschiedensten Problematiken in Gesellschaft, Umwelt und Wirtschaft auf unserem Planeten mit unternehmerischer Kreativität und Umsetzungsmut anzupacken, idealerweise zu lösen oder zumindest zu lindern.

Trotz aller Publicity fehlt es in der Breite von Wirtschaft und Gesellschaft aber immer noch an Wissen über das Phänomen Social Entrepreneurship. Das vorliegende Buch soll daher als Einführung in die Thematik Social Entrepreneurship im deutschsprachigen Raum dienen. Es soll einen intensiven Einblick und gleichzeitig einen umfassenden Überblick und damit Orientierung geben. Das Buch eignet sich somit vom Inhalt und Aufbau her für Studierende, Lehrende, Praktizierende, Beratende und weitere Interessierte als erste und branchenunabhängige Orientierungshilfe. Das Konzept ließe sich vielleicht als leicht zugänglicher Kompass, als Lotse beschreiben, der den Leser:innen hilft, die Landkarte des Social Entrepreneurships abzustecken.

Angefangen bei einer thematischen Einführung und Historie zum Begriff und Phänomen, über Gründungsphasen, Rechtsformen und Wirkungsmessung bis hin zu einer kritischen Perspektive tauchen geneigte Leser:innen in die Welt des Social Entrepreneurships ein. Weitere Kapitel zu Social Intrapreneurs, Finanzierung und Social Entrepreneurship Education erweitern den Horizont, bevor jeweils ein Kapitel zum Netzwerk bzw. der Community sowie zu ausgewählten Beispielen die Reise abrunden.

Die Leser:innen erhalten somit einen breitgefächerten Zugang und infolgedessen ein besseres Verständnis für unternehmerisches Handeln im gesellschaftlichen Kontext – vielleicht auch Inspirationen für ihre eigenen Initiativen.

An dieser Stelle gebührt noch ein herzlicher Dank an Tamara Haschke vom Lektorat Satzbaum für die konstruktive Begleitung bei diesem Buchprojekt.

München im Mai 2023 *Prof. Dr. Wolfgang Gehra*

Inhalt

Vorwort	5
Abbildungsverzeichnis	9
Tabellenverzeichnis	10
Abkürzungsverzeichnis	11
1. Einführung: Geschichte und Definition von Social Entrepreneurship	13
Ursprünge des Entrepreneurships	13
Ursprünge des Social Entrepreneurships	14
Das Besondere an Social Entrepreneurship	15
Soziale Innovationen als Ursprung und Folge von Social Entrepreneurship	16
Begriffsklärung: Social Entrepreneurship – Sozialunternehmen – soziales Unternehmertum – Social Business	19
Entwicklung des Social Entrepreneurships und Entstehung einer Community	26
2. Gründungsphasen: Vom Problem über die Gründung zur Systemveränderung	29
Die vier Gründungsphasen nach SEND e. V.	29
Der Design-Thinking-Ansatz	29
Der Innovationsprozess nach Murray et al.	30
3. Wirkung und Wirkungsmessung	45
Wer braucht Wirkungsmessung?	45
Warum braucht es Wirkungsmessung?	46
Wirkungsmessung: Wie wird was gemessen?	46
Resümee: der Blick auf die Wirkung benötigt Entwicklung	60
4. Rechtsformen und deren Spezifika für Social Enterprises	63
Die Rechtsformen im Überblick	63
Gemeinnützigkeit	66
Genossenschaften	67
Rechtsformen für Social-Entrepreneurship-Organisationen	67
Governance und Verantwortungseigentum	69
5. Finanzierung	71
Allgemeine Finanzierungsformen	71
Herausforderungen bei der Social-Entrepreneurship-Finanzierung	74
Wirkungsorientiertes Investieren	75
Aktuelle Lage	80

Inhalt

6. Social Intrapreneurship — 83

- Intrapreneurship: Geschichte und Begriffsklärung — 83
- Social Intrapreneurship: Geschichte und Begriffsklärung — 84
- Chancen und Risiken für Social Intrapreneurs — 84
- Voraussetzungen für Social Intrapreneurship — 85
- Organisationsinterne Förderung und Umsetzung von Social Intrapreneurship — 86

7. Social Entrepreneurship Education — 91

- Social Entrepreneurship Education an Hochschulen — 91
- Social-Entrepreneurship-Education-Initiativen — 92
- Beispielhaftes Bildungskonzept — 93

8. Kritik an Social Entrepreneurship — 97

- Voreingenommenheit in der Forschung — 97
- Ikonisierung einzelner Social Entrepreneurs und Gefahr der Selbstausbeutung — 97
- Gute Absichten garantieren noch keine guten Ergebnisse — 100
- Negierung der Verantwortung des Sozialstaats — 101

9. Social-Entrepreneurship-Ökosystem — 103

- Organisationen und Netzwerke — 103
- Lehrmaterial — 106
- Studiengänge — 107
- Social Entrepreneurship an Schulen — 110
- Finanzierungspartner:innen — 110

10. Ausgewählte Beispiele — 113

- Arbeit, Migration und Bildung: Social Bee — 113
- Umweltschutz: reCup — 113
- Soziales: Kuchentratsch — 114
- Kooperatives Wirtschaften: FoodHub — 114
- Bildung: Serlo Education — 114
- Energieversorgung: Polarstern — 114
- Gesundheit und Inklusion: discovering hands — 115
- Umwelt und Wirtschaften: Ecosia — 115

Nachwort — 117

Literaturverzeichnis — 119

Zum Autor — 129

Stichwortverzeichnis — 131

Bereits erschienen in der Reihe STUDIENKURS SOZIALWIRTSCHAFT (ab 2019) — 135

Abbildungsverzeichnis

Abbildung 1:	Vom Problem zu Social Entrepreneurship	18
Abbildung 2:	Spektrum von Social und Business Entrepreneurship	24
Abbildung 3:	Design Thinking Innovationsprozess	30
Abbildung 4:	Der Prozess sozialer Innovationen	31
Abbildung 5:	Social Business Model Canvas	34
Abbildung 6:	Ecogood Business Canvas	35
Abbildung 7:	Das magische Dreieck mit den vier Dimensionen eines Geschäftsmodells	36
Abbildung 8:	Geschäftsmodell Selbstzahler	36
Abbildung 9:	Geschäftsmodell gesellschaftliche Wirkung	37
Abbildung 10:	Beziehungsgeflecht zwischen Akteuren des Social Franchisings	41
Abbildung 11:	Wirkungstreppe	50
Abbildung 12:	Einfache Wirkungskette	52
Abbildung 13:	Schritte einer Wirkungsanalyse eingebettet im Rahmen wichtiger Zwecke	53
Abbildung 14:	Wirkungsmessung anhand verbesserter Gesundheit	55
Abbildung 15:	Einfaches Wirkungsmodell inklusive Stakeholderdifferenzierung	56
Abbildung 16:	SROI-Analyse im Überblick	56
Abbildung 17:	Hybride Gestaltung von Sozialunternehmen	69
Abbildung 18:	Finanzierungsstruktur und Finanzierungsinstrumente nach Innen- und Außenfinanzierung	74
Abbildung 19:	Finanzierungsformen im Zusammenhang mit Gründungsphasen	81
Abbildung 20:	Das Trio-Modell der Entrepreneurship Education	93

Tabellenverzeichnis

Tabelle 1:	Gesellschaftsformen unterteilt nach Personen- und Kapitalgesellschaften	63
Tabelle 2:	Vor- und Nachteile der Rechtsform GmbH	65

Abkürzungsverzeichnis

AG	Aktiengesellschaft
ALMSE	Alltagskompetenz und Lebensökonomie stärken mit Social Entrepreneurship
CSR	Corporate Social Responsibility
e.V.	eingetragener Verein
FASE	Finanzierungsagentur für Social Entrepreneurship GmbH
GmbH	Gesellschaft mit begrenzter Haftung
IOOI	Input – Output – Outcome – Impact
MOOC	Massive Open Online Course
NGO	Non-governmental organization - Nichtregierungsorganisation
SDG	Sustainable Development Goal – Ziel für nachhaltige Entwicklung
SEA	Social Entrepreneurship Akademie
SEND e. V.	Social Entrepreneurship Netzwerk Deutschland e.V.
SIB	Social Impact Bonds
SROI	Social-Return-on-Investment
SRS	Social Reporting Standard
UG	Unternehmergesellschaft

1. Einführung: Geschichte und Definition von Social Entrepreneurship

Spätestens mit der Verleihung des Friedensnobelpreises im Jahr 2006 an Mohammed Yunus für seine Verdienste um die Grameenbank und deren Mikrokredite zur Reduzierung von Armut hat das Konzept des Sozialunternehmertums eine verstärkte öffentliche Wahrnehmung erhalten, die seitdem rasant zunimmt (vgl. Scheuerle/Glänzel/Knust/Then 2013: 7; Metzger 2019; Fueglistaller/Fust/Müller/Müller/Zellweger 2019). Die Ursprünge des Social Entrepreneurships liegen allerdings deutlich weiter in der Vergangenheit.

Ursprünge des Entrepreneurships

Es geht in diesem Buch um Social Entrepreneurship, also die um die gesellschaftliche und ökologische Zielorientierung komplettierte Form des Entrepreneurships. Daher soll zuerst ein Blick auf Entrepreneurship als Begriff und Untersuchungsgegenstand an sich geworfen werden:

Das französische Wort „entreprendre" wird übersetzt mit „etwas unternehmen" oder „etwas in Angriff nehmen". Im Militärjargon des 17. Jahrhunderts wurde als „Entrepreneur" der Führer einer militärischen Expedition bezeichnet (vgl. Schließmann 2014: 75). Im Hinblick auf eine Geschäftstätigkeit wurde diese Bezeichnung zur selben Zeit für jemanden genutzt, der unter Eingehen eines Risikos ein ökonomisches Projekt mit unsicheren Gewinnaussichten „unternimmt" (vgl. Fritsch/Wyrwich 2021: 6). Händler, Handwerker und Landwirte, typische Unternehmer in der damaligen Zeit, mussten ein marktbedingtes Risiko eingehen, im Unterschied zu Berufen mit fester Vergütung (vgl. Cagarman/Kratzer/Osbelt 2020: 2).

Der österreichische Ökonom Joseph Alois Schumpeter (1883–1950) hat den Begriff Entrepreneurship mit seiner Suche nach den wesentlichen Triebkräften wirtschaftlicher Entwicklung ergänzt. Seine Annahme war, dass wirtschaftliche Entwicklung in Schüben bzw. Zyklen verläuft, die jeweils durch bestimmte grundlegende Innovationen ausgelöst werden. Als Auslöser für derartige Entwicklungszyklen identifizierte er den „innovativen Unternehmer". Diese Form des Entrepreneurs[1] zeichnet sich nach Schumpeter dadurch aus, dass Erfindungen, bzw. Innovationen, in Form von neuen Produkten, Produktionsverfahren, Beschaffungsmöglichkeiten und Absatzmärkten eher wirtschaftlich verwertet als selbst erfunden wurden. (vgl. Fritsch/Wyrwich 2021: 6f.)

Diese Schumpeter'sche Interpretation des Entrepreneurs als Innovator ist ebenso Teil der vorgeschlagenen Definitionen aus unterschiedlichen Fachrichtungen, wie die Bezeichnung von Entrepreneurship als das Management von Unternehmen. Eine einheitliche Definition existiert bis heute nicht. Dennoch lassen sich als Gemeinsamkeit handelnde Personen ausmachen, die versuchen, Veränderung zu

---

[1] Der Begriff „Entrepreneur" wird in diesem Buch aus dem Englischen übernommen. Daher wird er im Plural mit der englischen Endung verwendet und im Singular nicht mit den deutschen Endungen gegendert. Das gleiche gilt für den Begriff „Social Entrepreneur". Generell versteht sich Social Entrepreneurship als diverses Phänomen, weshalb hier explizit alle Menschen gemeint sind.

bewirken. Veränderung steht also im Mittelpunkt von Entrepreneurship, weniger das Optimieren des Bestehenden. Entrepreneurhaftes Handeln wird demzufolge als das Experimentieren mit neuen Produkten bzw. Geschäftsideen charakterisiert. Handeln unter Unsicherheit und das Eingehen von Risiken sind eng damit verbunden (vgl. Fritsch/Wyrwich 2021: 8). Eigenschaften und Handlungsweisen wie Kreativität, Innovation, unternehmerische Initiative und das Eingehen ökonomischer Wagnisse bilden somit den Rahmen für Entrepreneurship (vgl. ebd.: 2).

Der mit Entrepreneurship eng verbundene Begriff „Innovation" hat im Laufe der Geschichte verschiedene Auslegungen erfahren, nicht immer nur positive: Das lateinische Wort „innovare" hatte 55 v. Chr. in einer Rede Ciceros die negative Bedeutung, sich der Zügellosigkeit hingegeben zu haben. Ende des 2. Jahrhunderts n. Chr. bezeichnete das Substantiv „Innovatio" eine Erneuerung des Menschen durch einen sakralen Akt, beispielsweise die Taufe. Hierbei ging es um die Veränderung von etwas Bestehendem, nicht um die Schaffung von etwas völlig Neuem. (vgl. Rock 2014: 43) Im späten 15. Jahrhundert war Innovation eine Schmähbezeichnung für religiöse oder politische Umstürzler und noch im 19. Jahrhundert wurden damit kommunistische Ideen und Ideale gebrandmarkt. Erst vor dem Hintergrund der wegweisenden und die Innovationsforschung prägenden Theorie der schöpferischen Zerstörung von Joseph Schumpeter (1942) fand eine neue Orientierung statt. Die Bedeutung von Innovationen für das Wirtschaftswachstum wurde herausgestellt und führte zu der heute positiven Interpretation von Innovation. (vgl. Godin 2015, zit. nach Schubert 2016: 405)

Ursprünge des Social Entrepreneurships

Das Phänomen Social Entrepreneurship in Abgrenzung zum klassischen Entrepreneurship wird ungefähr seit den 1980er Jahren als solches bezeichnet (vgl. Fueglistaller/Fust/Müller/Müller/Zellweger 2019: 11). Für sozialunternehmerisches Handeln finden sich in der Geschichte zahlreiche Beispiele von Gründer:innen, deren Institutionen und Einrichtungen noch heute aktiv sind.

> **Beispiele:**
>
> Friedrich von Bodelschwingh rief im 19. Jahrhundert mit Bethel eine Organisation ins Leben, die nach wirtschaftlichen und sozialen Grundsätzen arbeitete und eigene Handwerksbetriebe, eine eigene Strom- und Wasserversorgung, Schulen und Ausbildungsstätten betrieb. Der Gründer des Roten Kreuzes, Henri Dunant, ebenso wie Mutter Theresa in Kalkutta werden aus heutiger Sicht als Social Entrepreneurs verstanden. (vgl. Faltin 2011: 75)
> Mancherorts (vgl. Achleitner 2007: 58; Bornstein 2006: 12) werden noch weitere historische Persönlichkeiten als Vorläufer für Social Entrepreneurs genannt, da sie bis heute bedeutende Einrichtungen mit sozialem Einfluss gründeten. Darunter sind Franz von Assisi als Gründer des Franziskaner-Ordens, Florence Nightingale als Pionierin der Krankenpflege, die die erste Schule für Krankenschwestern einrichtete, und Maria Montessori, die das nach ihr benannte Schulsystem schuf, sowie Friedrich Wilhelm Raiffeisen, einer der Gründer der genossenschaftlichen Bewegung in Deutschland.

Die heutigen Social Entrepreneurs wurden früher als Visionäre, Menschenrechtler, Philanthropen, Reformer oder Aktivisten bezeichnet (vgl. Peris-Ortiz/Teulon/Bonet-Fernandez 2017: 10). Social Entrepreneurs gelten demnach als Gruppe von Unternehmer:innen, die über das klassische Bild eines Unternehmers hinausgehen.

Das Besondere an Social Entrepreneurship

Die aktuellen globalen Herausforderungen erfordern nachhaltige und sozial orientierte Lösungen, in Form von Sozialen Innovationen, die mit und für die Gesellschaft entwickelt werden, da technologische Innovationen allein nicht mehr zur Problemlösung genügen. (vgl. Ziegler 2020 zitiert nach Mildenberger/Krlev 2022: 289)

Fueglistaller et al. leiten die Notwendigkeit für ein anderes Wirtschaften im Sinne von Social Entrepreneurship aus den Unzulänglichkeiten des profitgetriebenen Wirtschaftens einer Marktwirtschaft neoliberaler Prägung ab. Dem Credo des Wirtschafts-Nobelpreisträgers Milton Friedman folgend, haben zwar Unternehmen, die Gewinnmaximierung und die Steigerung des Shareholder Value anstreben, ohne Zweifel viel Wirtschaftswachstum und Wohlstand erzeugt. Dennoch hat das nach Eigennutz maximierende Streben der Marktakteure in vielen Bereichen neue Problemfelder erzeugt oder noch nicht gelöst. Umwelt- und Klimaschäden sind das Ergebnis des nicht Einkalkulierens von externen Effekten und viele Menschen leben nach wie vor in Armut. (vgl. Fueglistaller/Fust/Müller/Müller/Zellweger 2019: 386)

Zudem werden die sozialen Herausforderungen des 21. Jahrhunderts insgesamt als Begründung für die Notwendigkeit von sozialem Unternehmertum herangezogen. Für die Erreichung der im Jahr 2015 von den Vereinten Nationen verabschiedeten 17 Ziele für nachhaltige Entwicklung (auch 17 *Sustainable Development Goals* genannt) werden Nichtregierungsorganisationen und Sozialunternehmen mit ihrem positiven Einfluss auf die Gesellschaft als treibende Kraft eingeschätzt. (vgl. Cagarman/Kratzer/Osbelt 2020: 1)

Öffentliche Güter, wie Sicherheit und Daseinsvorsorge, werden mangels Gewinnerzielungsmöglichkeiten in einem freien Markt nicht zur Verfügung gestellt und externe Effekte in der Preiskalkulation von Unternehmen nicht berücksichtigt. Die daraus entstehenden Defizite, die Markt und Staat nicht lösen können, wie z. B. Gewalt, Korruption, schlechte Gesundheitsversorgung, fehlende Bildungschancen und Umweltverschmutzung, stehen im Fokus von Social Entrepreneurs. Deren Innovationen im gesellschaftlichen Bereich, idealerweise multipliziert und skaliert, sind unternehmerische Ansätze, um die genannten Probleme zu lösen. Einkommenserzielung und Gewinnmaximierung, feste Größen bei der Charakterisierung klassischer Unternehmen, spielen bei Social Entrepreneurs nur eine untergeordnete Rolle. (vgl. Achleitner/Heister/Stahl 2007: 4; Cagarman/Kratzer/Osbelt 2020: 3)

An dieser Stelle kristallisiert sich der bereits benannte, entscheidende Unterschied von einem Social Entrepreneur zu einem Business Entrepreneur heraus: Im Vordergrund steht die Bewältigung eines gesellschaftlich relevanten Problems, das

Erfüllen einer sozialen Aufgabe. Durch das unternehmerische Handeln auch noch Überschüsse zu erzielen, ist sekundär. Es ist eher Mittel zum Zweck, aber nicht das eigentliche Ziel. Hieraus ergibt sich für Social Entrepreneurs eine besondere Herausforderung: Das Erreichen gesellschaftlicher Ziele und die gleichzeitige Berücksichtigung unternehmerischer Rahmenbedingungen. (vgl. Faltin 2011: 77)

Auch in Bezug auf die Persönlichkeiten von Social Entrepreneurs gibt es Unterschiede zu Business Entrepreneurs: Der Anteil an Frauen und Über-50-Jährigen unter den Gründer:innen im Social-Entrepreneurship-Bereich ist deutlich höher als bei kommerziellen Unternehmen (vgl. Cagarman/Kratzer/Osbelt 2020: 1). Laut einer systematischen Übersicht von über 50 empirischen Studien sind die Persönlichkeiten von Social Entrepreneurs substanziell heterogen und weisen eine Vielfalt von Motivationen und Identitäten auf (vgl. Stephan/Drencheva 2017: 222).

Soziale Innovationen als Ursprung und Folge von Social Entrepreneurship

Gemeinsam haben die frühen, aber auch heutige Social Entrepreneurs, dass sie als Reaktion auf ein gesellschaftliches Problem handeln. Oft folgt diesem Problem eine soziale Bewegung, die wiederum soziale Innovationen hervorbringt.

Soziale Bewegungen, wie bspw. die Arbeiter-, Frauen-, oder Umweltbewegung werden als wichtige Impulsgeber für Prozesse des sozialen Wandels identifiziert (vgl. Rucht/Neidhart 2020: 859). Merkmale sozialer Bewegungen sind ihr Netzwerkcharakter von Gruppen oder Organisationen, die Grundlage einer kollektiven Identität, informelle Mitgliedschaften mit Teilnehmer:innen und Aktivist:innen und das Ziel, mit Mitteln des Protests sozialen Wandel herbeizuführen oder auch zu verhindern (vgl. Rucht/Neidhart 2020: 841). Errungenschaften, wie die Selbstorganisation in Genossenschaften, das Wahlrecht der Frauen oder die vielfältigen Initiativen in Bezug auf erneuerbare Energien gelten als Soziale Innovationen, die ihren Ursprung in sozialen Bewegungen haben. (vgl. Rucht/Neidhart 2020: 842ff.)

Noch bis vor Kurzem wurden als bedeutende Innovationen hauptsächlich technische Erfindungen wahrgenommen. Soziale Innovationen hingegen waren im Allgemeinen weniger präsent (vgl. Rammert/Windeler/Knoblauch/Hutter 2016: 4). Zumindest im wissenschaftlichen Kontext hat sich das mittlerweile verändert. Zunehmende gesellschaftliche und ökologische Herausforderungen bringen einen hohen Bedarf an Lösungsansätzen mit sich, die man sich in sozialen Innovationen erhofft. Damit weicht das rein technische Innovationsverständnis einem erweiterten. (vgl. Bethmann 2020: 48; und vgl. Kreibich/Thiem 2022: 57)

> „Ganz allgemein sind soziale Innovationen neuartige Lösungsansätze für gesellschaftliche Probleme." (Bethmann 2020: 278)

So beschreibt es Bethmann und unterscheidet an dieser Stelle zwischen einer enger und einer weiter gefassten Definition der sozialen Innovationen:

- In einem engeren Verständnis handelt es sich dabei um Veränderungen, deren Ziel die Ermächtigung von vulnerablen und benachteiligten Bevölkerungsgruppen ist.
- In einem weiteren Sinne können soziale Innovationen Lösungsmechanismen für gesellschaftliche Probleme im Allgemeinen sein, ohne die Beschränkung auf bestimmte Zielgruppen.
- Noch weiter gefasst können soziale Innovationen generell Veränderungen in der sozialen Praxis sein, die verschiedenen Nutzenlogiken in ihrer Beurteilung unterliegen. (vgl. Bethmann 2020: 277f.)

Gemeinsam haben die Ansätze einen Modernitätsgedanken und die Orientierung an Leitbildern wie Inklusion, Gerechtigkeit, Wohlstand, Lebensqualität, ökologische Nachhaltigkeit, Partizipation und Demokratie. (vgl. Bethmann 2020: 277f.)

Wolfgang Zapf, dessen Definition von 1989 als Referenzpunkt in Deutschland gilt (vgl. Beck/Kropp 2012: 17), fasst seine Auffassung von sozialen Innovationen so zusammen:

> Sie sind *„neue Wege, Ziele zu erreichen*, insbesondere neue Organisationsformen, neue Regulierungen, neue Lebensstile, *die die Richtung des sozialen Wandels verändern*, Probleme besser lösen als frühere Praktiken, und die deshalb wert sind, nachgeahmt und institutionalisiert zu werden." (Zapf 1989: 177, Hervorhebungen im Original)

Nach Gillwald (2000: 41) machen soziale Innovationen die folgenden fünf Kriterien aus:

1. Sie sind Teil und Ergebnis von sozialem Wandel bzw. gesellschaftlicher Modernisierung.
2. Sie treten in allen gesellschaftlichen Bereichen auf.
3. Sie können organisatorischer, struktureller/institutioneller oder prozeduraler Art sein.
4. Sie können auf interne Angelegenheiten der Beteiligten oder auf Dritte ausgerichtet sein.
5. Sie sind Akte des Wandels / der Modernisierung und der Verhaltensänderung. Das Tätigsein oder -werden ist von zentraler Bedeutung für soziale Innovationen. (Vgl. Gillwald 2000: 41)

Müller et al. (vgl. Müller/Lurtz/Rüede/Kopf/Russo 2013: 8) verwenden den Begriff der sozialen Innovation als Grundlage für die Gründung verschiedenster Initiativen. Dabei verwenden sie folgende Definition:

> „Soziale Innovationen sind neue Lösungen, die gesellschaftliche Herausforderungen kontextbezogen, zielgerichtet und das Gemeinwohl fördernd adressieren." (Müller/Lurtz/Rüede/Kopf/Russo 2013: 8)

Die Bandbreite sozialer Innovationen wird ersichtlich an der Vielfalt von Beispielen für Soziale Innnovationen. Hier können die Umweltbewegung, Nicht-eheliche

Lebensgemeinschaften, Fließbandarbeit, Fast-Food-Ketten, Sozialversicherung und Gebietsreform in einem Satz genannt werden (vgl. Gillwald 2000: 3).

Soziale Innovationen werden dabei gemäß vieler Definitionen als wesentliches Merkmal von Social Entrepreneurship bezeichnet. Auch wenn soziale Innovationen einem breiteren Verständnis unterliegen und weitere Akteure, wie die Zivilgesellschaft, bei der Umsetzung eine wichtige Rolle spielen, sind soziale Innovationen mit Social Entrepreneurship eng verbunden. Sozialunternehmer:innen bzw. deren Gründer:innen gelten als prädestiniert, soziale Innovationen zu entdecken, zu entwickeln und den gesellschaftlichen Herausforderungen im Rahmen eines Unternehmens zu begegnen. (vgl. Millner/Vandor 2022: 241)

Social Entrepreneurship im Sinne von innovativen Gründungen, die neue Technologien, Praktiken oder Ansätze nutzen oder entwickeln, ist die unternehmerische Umsetzung von sozialen Innovationen in verschiedensten Betätigungsfeldern, wie Jugend- oder Flüchtlingshilfe, Gesundheit, Entwicklungszusammenarbeit oder Vermeidung von Ressourcenverschwendung sowie neuen Wegen in der Energieversorgung (vgl. Röhl 2018: 1).

Vereinfacht lässt sich der Zusammenhang zwischen gesellschaftlichen Problemen, sozialen Bewegungen, sozialen Innovationen und den daraus entstehenden Initiativen folgendermaßen darstellen:

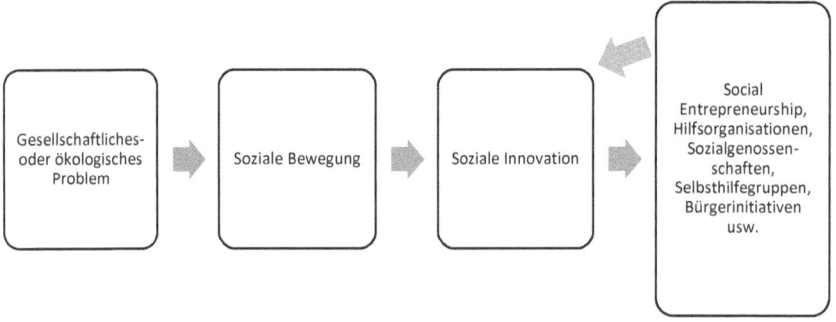

Abbildung 1: Vom Problem zu Social Entrepreneurship. Quelle: Eigene Darstellung.

Auch wenn die Grafik eine gewisse Linearität suggeriert und diese auch an den genannten Beispielen, wie der Frauen- oder Umweltbewegung, empirisch nachvollzogen werden kann, so sei doch darauf hingewiesen, dass die Entwicklungen in der Realität und im Zeitablauf um vieles komplexer sind. Sie laufen mit vielen verschiedenen Wechselwirkungen und daher nicht unbedingt linear und unter Einbezug aller genannten Elemente ab.

Dennoch kann Social Entrepreneurship als Ausdruck der unternehmerischen Umsetzung von sozialen Innovationen so seinen Ausgangspunkt in den Impulsen gesellschaftlicher Bewegungen haben. Umgekehrt gilt Social Entrepreneurship im

Sinne von neu gegründeten Organisationen schließlich wieder als Entstehungsort für weitere Soziale Innovationen (vgl. Fuchs 2014: 90).

Auch die Bundesregierung sieht in Social Startups und Social Entrepreneurs wichtige Treiber von Sozialen Innovationen (vgl. Bundesministerium für Bildung und Forschung 2021: 7). In der gesellschaftlichen Funktion, dass auch Sozialunternehmer:innen, im Sinne der bereits erwähnten Unternehmertheorie Schumpeters, neue oder verbesserte Lösungen erarbeiten und kreative Neukombinationen verwirklichen, wirken diese als Innovator:innen, indem sie soziale Innovationen umsetzen. (vgl. Schröer/Mildenberger 2014: 90)

Begriffsklärung: Social Entrepreneurship – Sozialunternehmen – soziales Unternehmertum – Social Business

Unterschiedliche wissenschaftliche Disziplinen betrachten aus ihrer Perspektive den Untersuchungsgenstand Social Entrepreneurship mit entsprechend unterschiedlicher Nutzung von damit im Zusammenhang stehenden Begrifflichkeiten.

Nach Schwarz (2014) lassen sich drei Strömungen ausmachen:

1. Die **Wirtschaftswissenschaften** sehen in einem sozialen Unternehmen eine besondere Form eines Unternehmens an sich. Modelle und Methoden aus der ökonomischen Entrepreneurship-Forschung dienen als Grundlage zur Betrachtung.
2. Aus Sicht der **Pädagogik, Psychologie** oder **Sozialwissenschaften** ist die Nutzung betriebswirtschaftlicher Instrumente, um soziale Zusammenhänge und Unternehmen zu organisieren, eine nicht mehr rückgängig zu machende und notwendige Entwicklung.
3. Aus **gesellschaftssoziologischer** oder **politischer** Perspektive dreht sich Social Entrepreneurship um die Umverteilung von Verantwortlichkeiten zur Gestaltung einer sozialen Gesellschaft und der zukünftigen Rolle bürgerschaftlichen Engagements. Innovative Aspekte in der Entwicklung des Nonprofit-Sektors stehen hier im Vordergrund. (vgl. Schwarz 2014: 43)

In der Literatur finden sich zwei Denkschulen. Zum einen die **Innovation School of Thought**, die Innovationskraft im Sinne von neuartigen Lösungsansätzen für gesellschaftliche Probleme betont. Social Entrepreneurship wird hier meist mit Startups assoziiert. Die **Social Enterprise School of Thought** zum anderen stellt das Entwickeln eines Geschäftsmodells und die betriebswirtschaftliche Nachhaltigkeit in den Vordergrund. Ziel ist dabei die finanzielle Unabhängigkeit durch die Erzielung von erwerbswirtschaftlichen Einnahmen. Dieser Ansatz soll die Unabhängigkeit von Investor:innen erhöhen und aufgrund der geringeren Kosten für die Geldakquise ein schnelleres Wachstum ermöglichen. (vgl. Millner/Vandor 2022: 243)

Folglich kursieren rund um Social Entrepreneurship verschiedene Sichtweisen, Definitionen und Begrifflichkeiten, die sich nicht immer trennscharf voneinander differenzieren lassen. Daher soll nun eine Abgrenzung der wichtigsten Begriffe folgen.

1. Einführung: Geschichte und Definition von Social Entrepreneurship

„Social Entrepreneurship" lässt sich als „Sozialunternehmen" oder „soziales Unternehmertum" übersetzen. Allerdings sind beide Begriffe nicht deckungsgleich mit ihrem englischsprachigen Pendant und bisher gibt es keine einheitliche Begriffsbestimmung für Sozialunternehmen an sich. Autoren wie Mair und Rathert verwenden sogar ausschließlich die Bezeichnung Sozialunternehmen, was eine mögliche Differenzierung der Begrifflichkeiten ausschließt (vgl. Mair/Rathert 2021: 510ff.).

Nach Vincze et al. (2014) gibt es vielfältige Organisationen, die sich mit sozialem Unternehmertum in Verbindung bringen lassen. Sie werden als „soziale Unternehmensfamilien" zusammengefasst. Darunter fallen „Genossenschaften, Wohlfahrtsverbände, betriebliche Stiftungen, Traditionsvereine, Freiwilligenagenturen, soziokulturelle Zentren, Selbsthilfeunternehmen, selbstverwaltete Alternativunternehmen, Nachbarschafts- und Gemeinschaftsunternehmen, Integrationsunternehmen, Arbeitsintegrationsunternehmen und Sozialunternehmen neuen Stils" (Vincze/Birkhölzer/Kaepplinger/Gollan/Richter 2014).

Ein weiteres definitorisches Problem stellen sprachliche Unterschiede dar. Eine Übersetzung von „Social Entrepreneurship" als „soziales Unternehmertum" berge zum einen negative Konnotationen im Zusammenhang mit traditionellem Unternehmertum, das Gewinne auf Kosten anderer erwirtschaftete. Zum anderen sei die Übersetzung von „social" als „sozial" unvollständig, da der deutsche Begriff weniger umfassend sei und bspw. nicht, wie der angloamerikanische Begriff, ökologische Aspekte mit abdecke. Ein Vorschlag ist daher die Übersetzung von „social" als gesellschaftlich. (vgl. Cagarman/Kratzer/Osbelt 2020: 8)

Hinzu kommt bei der Übersetzung als „sozial", dass das Wort selbst laut Duden verschiedene Bedeutungen aufweist und damit nur bedingt eine definitorische Hilfe bietet. „Sozial" bezieht sich zum einen auf das *menschliche Zusammenleben in Staat und Gesellschaft*, des Weiteren auf deren *ökonomische und politische Strukturen* sowie auf die *Zugehörigkeit zu verschiedenen Gruppen* und zum anderen darauf, *dem Gemeinwohl zu dienen* und *den wirtschaftlich Schwächeren zu schützen* (vgl. Duden o.J.). An andere Stelle wird darauf verwiesen, dass „social" im Kontext des Social Entrepreneurships gesellschaftliche Aspekte in einem weiten Sinne adressiert und über die Bereiche Arbeit, Gesundheit und Schule hinaus auch Aspekte wie Umwelt und Kultur inkludiert (vgl. Gebauer/Ziegler 2013: 20).

Der Begriff „Unternehmen" ist gemäß Umsatzsteuergesetz definiert als „die Gesamtheit der gewerblichen oder beruflichen Tätigkeit eines Unternehmers" (UStG o.J.: § 2 Abs. 1 Satz 2). Unerheblich ist es dabei, ob durch die nachhaltige Tätigkeit zur Erzielung von Einnahmen auch die Absicht verfolgt wird, Gewinne zu erzielen (UStG o.J.: § 2 Abs. 1 Satz 3).

Vogelbusch grenzt „Sozialunternehmen" von „Sozialem Unternehmertum", welches er mit Social Entrepreneurship gleichsetzt, dahingehend ab, dass es bei Letzterem vorrangig darum gehe, soziale Ziele mit unternehmerischen Aktivitäten anzugehen. „Unternehmerisch" bedeutet hier ein innovatives und pragmatisches Vorgehen zur langfristigen Lösung bestimmter sozialer Probleme. Sozialunternehmen charakterisiert Vogelbusch dagegen als Unternehmen der Sozialbranche, die demnach Bereiche wie die Gesundheits- und Pflegebranche, Behindertenhilfe, Kinder- und Jugendhilfe sowie weitere soziale Beratungsbereiche umfasst. Zur Abgrenzung innerhalb der Sozialbranche dienen die zwölf Sozialgesetzbücher. Diese sehen gewerbliche, kommunale und öffentliche Sozialunternehmen sowie Selbsthilfeeinrichtungen und gemeinnützige, der Daseinsvorsorge dienende kommunale Einrichtungen bis hin zu ehrenamtlich getragenen Vereinen vor. Deren Basis bilden verschiedenste Träger, Gesellschaftsformen und Unternehmensgrößen. Social Entrepreneurs sind demgegenüber laut Vogelbusch eher in den Bereichen Bildung, Umweltschutz, Arbeitsplatzbeschaffung für Menschen mit Behinderungen, Armutsbekämpfung und Schutz der Menschenrechte zu finden. (vgl. Vogelbusch 2018: 29ff.)

Scheuerle et al. (2013: 7f.) hingegen setzen Social-Entrepreneurship-Organisationen mit Sozialunternehmen gleich und sehen deren Aktivitäten sowohl in den Bereichen der klassischen, allgemeinen Wohlfahrt als auch in anderen Feldern, wie beispielsweise alternativer Energiegewinnung, Fair Trade, Arbeitsmarktintegration, Umweltschutz oder Finanzdienstleistungen.

Auch die Ausgangssituationen für Social Entrepreneurship sind historisch, gesellschaftlich und ökonomisch bedingt in den USA, Europa und Deutschland sehr unterschiedlich. Die Sozialsysteme basieren auf unterschiedlichen Ansätzen und Traditionen (vgl. Cagarman/Kratzer/Osbelt 2020: 9). In Deutschland entwickelte sich das Phänomen Social Entrepreneurship vor dem Hintergrund eines ausgeprägten Wohlfahrtsstaates (vgl. Scheuerle/Glänzel/Knust/Then 2013: 7), mit der Konsequenz, dass zum einen der angesprochene Wohlfahrtsstaat mit seinen Verflechtungen zu den Wohlfahrtsverbänden eine Überflüssigkeit von Social Entrepreneurship annehmen lassen könnte und zum anderen eine spezifische Rechtsform für Social Entrepreneurs in Deutschland fehlt, die für unterschiedliche Fördermöglichkeiten anschlussfähig wäre (vgl. Cagarman/Kratzer/Osbelt 2020: 8). Für eine Leserschaft im überwiegend deutschsprachigen Raum liegt der Schwerpunkt dieses Buchs daher auf der Darstellung der Gegebenheiten in Deutschland. Folglich orientiert sich daran auch die definitorische Annäherung an den Begriff, um zu klären, was unter Social Entrepreneurship verstanden werden kann.

Als definitorische Eckpfeiler für Social Entrepreneurship nutzen Scheuerle et al. (2013: 8ff.) folgende Kriterien:

- Gemeinwohlorientierung im Sinne einer vorrangig sozialen und ökologischen Zielsetzung, die aber ökonomische Ziele nicht ausschließt;
- Innovationen in Form neuer Produkte und Dienstleistungen oder neuer Ansätze in deren Erstellung und Vermarktung, idealerweise mit der Zielsetzung, Ökonomie und Soziales in Einklang zu bringen;
- Leistungsbasierte Einkommen, d. h. Social Entrepreneurs erhalten Erlöse für den Verkauf ihrer Produkte oder Dienstleistungen im Unterschied zu Nichtregierungsorganisationen oder Stiftungen, die vorwiegend mittels Fördermittel und Spenden finanziert sind.

Jedes der genannten Kriterien lässt sich enger oder weiter auslegen: Initiativen für die Versorgung von Obdachlosen oder der Jugendhilfe scheinen weniger Abgrenzungsdiskussionen zu erzeugen, ob sie genügend Gemeinwohlbezug haben, als Projekte für Kunst, Sport oder Recycling, noch dazu, falls diese aufgrund einer nicht gemeinnützigen Rechtsform Gewinne ausschütten dürfen. Das Innovative von Social Startups kann definiert werden als das Zusammenbringen von sozialen und ökonomischen Zielen. Oft ist der Innovationsgrad von Sozialunternehmen nicht so hoch, dass etwas grundlegend Neues geschaffen wird, sondern häufig werden Ideen in einem neuen Kontext oder an einem anderen Ort adaptiert. Dabei können soziale Innovationen sowohl von jungen Gründer:innen als auch von etablierten Organisationen initiiert werden. Beim Kriterium des leistungsbasierten Einkommens stellt sich die Frage, inwieweit dieses beispielsweise im Gesundheitssektor tatsächlich erzielt werden kann, bzw. inwieweit vor dem Hintergrund, dass viele Sozialunternehmen verschiedene Finanzierungsquellen nutzen, tatsächlich definitorisch für Social Entrepreneurship maßgebend sein kann.

Werden alle drei Kriterien als grundlegend eingeschätzt, entsteht nach Scheuerle et al. (2013) eine eher engere Betrachtung von Social Entrepreneurship. Nach diesem definitorischen Ansatz werden Social Enterprises transformative Kräfte zugeschrieben, da sie bestehende Handelsweisen grundlegend neu denken und umgestalten.

Ein erweitertes Verständnis für Social Entrepreneurship entsteht, wenn die grundsätzlich soziale oder ökologische Zielorientierung entweder vom leistungsbasierten Einkommen oder vom Kriterium der Innovation ergänzt wird. Als Beispiele werden hier Organisationen genannt, die ihre Dienstleistungen kostenlos anbieten, wie die Schulung von vulnerablen Zielgruppen im Bereich Energie und Umwelt, oder freie Träger von Pflegeeinrichtungen, Kindertagesstätten oder der Jugendhilfe, die einkommensbasiert bestehende Ansätze unternehmerisch umsetzen. (vgl. Scheuerle/Glänzel/Knust/Then 2013: 12)

Die von der Europäischen Kommission im Rahmen ihrer Social-Business-Initiative 2011 veröffentlichte Definition ist in manchen Punkten ähnlich, wie die Kriterien von Scheuerle et al. (2013), allerdings tauchen andere Aspekte auf. Demnach gelten als Sozialunternehmen Organisationen,

- „für die das soziale oder gesellschaftliche gemeinnützige Ziel Sinn und Zweck ihrer Geschäftstätigkeit darstellt, was sich oft in einem hohen Maße an sozialer Innovation äußert,
- deren Gewinne größtenteils wieder investiert werden, um dieses soziale Ziel zu erreichen
- und deren Organisationsstruktur oder Eigentumsverhältnisse dieses Ziel widerspiegeln, da sie auf Prinzipien der Mitbestimmung oder Mitarbeiterbeteiligung basieren oder auf soziale Gerechtigkeit ausgerichtet sind." (Europäische Kommission 2011: 2f.)

Der letzte Punkt wird von der Europäischen Kommission als sogenanntes „Governance"-Kriterium bezeichnet und auf die Stakeholder-Perspektive erweitert. So soll die Organisationsstruktur eines Social Enterprises eine Beteiligung aller bei der Entscheidungsfindung betroffenen Anspruchsgruppen in angemessener Weise sichern (vgl. Europäische Kommission 2020: 8).

Die soziale Orientierung wird in der Form definitorisch operationalisiert, dass diese in der nationalen Gesetzgebung, in der Satzung des Unternehmens oder in maßgeblichen Dokumenten verankert sein muss. Das unternehmerische bzw. wirtschaftliche Element wird mit einer Handelsquote, vergleichbar mit Erträgen aus Marktaktivitäten, in Höhe von mindestens 25 Prozent und einer postulierten Marktorientierung definiert. Der Anspruch der sozialen Innovation an Sozialunternehmen bleibt von der Europäischen Kommission im Jahr 2020 gegenüber 2011 in diesem Zusammenhang unerwähnt. (vgl. Europäische Kommission 2020: 8)

Ein weiteres Indiz für die nicht geradlinige Entwicklung des Begriffs „Social" Entrepreneurship und die damit nicht vorhandene gemeinsame und gängige Definition dieses Phänomens ist die Tatsache, dass Ashoka als internationale Förderorganisation für soziales Unternehmertum sich bis in die Mitte der 1990er Jahre um die Auszeichnung von „Public" Entrepreneurs bemühte und noch nicht den Terminus „Social" Entrepreneur nutzte (vgl. Gebauer/Ziegler 2013: 19).

Die Sichtweise des Social Entrepreneurship Netzwerks Deutschland e.V. (SEND e.V.) basiert auf der Definition der Europäischen Kommission und berücksichtigt aktuelle Forschungsansätze sowie länderspezifische Voraussetzungen. Demzufolge werden auch hier drei Dimensionen für Social Entrepreneurship als relevant erachtet: eine gesellschaftliche, eine unternehmerische und eine Governance-Dimension. (Hoffmann/Scharpe/Wunsch 2021)

Die Definition des SEND-Netzwerks lautet daher:

> „Das primäre Ziel von Social Entrepreneurship ist die Lösung gesellschaftlicher Herausforderungen. Dies wird durch kontinuierliche Nutzung unternehmerischer Mittel erreicht und resultiert in neuen und innovativen Lösungen. Durch steuernde und kontrollierende Mechanismen wird sichergestellt, dass die gesellschaftlichen Ziele intern und extern gelebt werden." (Hoffmann/Scharpe/Wunsch 2021: 13)

Sailer et al. (2021: 142) nehmen eine Abgrenzung des Social Entrepreneurships sowohl von rein wirkungsorientierten Institutionen als auch von gewinnorientiertem Unternehmertum vor. Zu Ersteren gehören bspw. Wohlfahrt, Verwaltungen, NGOs und Entwicklungshilfeorganisationen, die in erster Linie im Sinne des Gemeinwohls und damit wirkungsorientiert handeln. Sie handeln grundsätzlich nicht unternehmerisch, sondern basierend auf ehrenamtlicher Arbeit und der Finanzierung durch Dritte, z. B. durch Spenden und öffentliche Gelder. Die gewinnorientierten Unternehmen hingegen haben als vorrangiges Ziel nicht den gesellschaftlichen Mehrwert, sondern die Gewinnmaximierung. Durch das Schaffen von Arbeitsplätzen und nützlichen Produkten und Dienstleistungen sowie durch Steuerzahlungen kann ein solcher Mehrwert zwar generiert werden, allerdings ist dieser nachgeordnet und dient dem Ziel der Gewinnmaximierung. Zudem können

Unternehmen im Rahmen von Corporate Social Responsibility (CSR)-Maßnahmen gesellschaftliche Verantwortung übernehmen, diese sind aber lediglich ein Teilbereich der Unternehmensleistungen und dienen i. d. R. lediglich der Begrenzung negativer Auswirkungen durch das Kerngeschäft. (vgl. Sailer/Notz/Planck 2021: 142)

Einen guten Überblick über das Spektrum der verschiedenen Ausprägungen von Social Entrepreneurship bietet folgende Grafik:

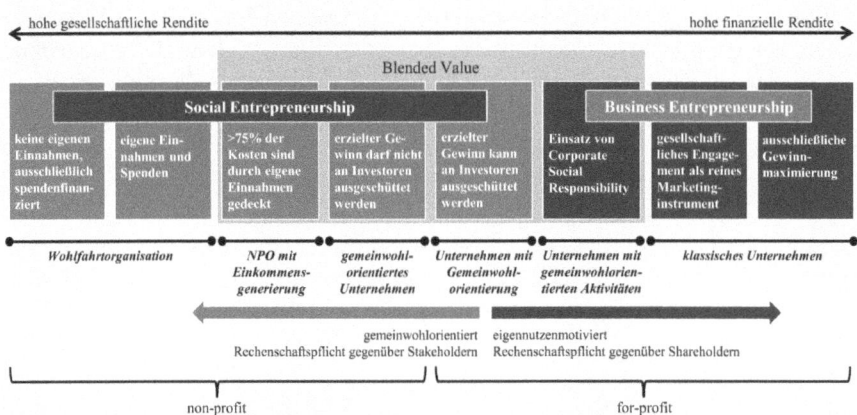

Abbildung 2: Spektrum von Social und Business Entrepreneurship. Quelle: Lahme 2018: 38.

Das primäre Ziel, durch innovative Lösungen für soziale Herausforderungen gesellschaftlichen Mehrwert zu schaffen, ist auch das Differenzierungsmerkmal gegenüber dem Ansatz eines „Responsible Entrepreneurs". Dieser hat in erster Linie die Absicht, Gewinne zu erzielen, wobei dies auf gesellschaftlich verantwortungsbewusste Art und Weise geschieht (vgl. Jähnke/Christmann/Balgar 2011: 9). Gesellschaftlichen Mehrwert zu erzeugen, ist hier also, anders als bei Social Entrepreneurs, nicht das übergeordnete Ziel (vgl. Zeyen/Beckmann/Akhavan 2014: 112).

Weitere Begrifflichkeiten für unternehmerisches Aktivsein, die parallel zu Social Entrepreneurship Anwendung finden, sind „Community Entrepreneurship", „Green", „Ecological" oder „Environmental Entrepreneurship" oder „Sustainable Entrepreneurship" (vgl. Pechlaner/Speer 2020: 5). Markman et al. (2019) nennen noch die Bezeichnung „Impact Entrepreneurship" und definieren dieses mit einem breiteren Spektrum an Zwecken gegenüber „Social Entrepreneurship", welches sich hauptsächlich auf soziale oder kommunale Belange konzentriere (vgl. Markman/Waldron/Gianiodis/Espina 2019: 372).

Je nach Autor:in oder konzeptionellem Zugang beschreiben diese Entwürfe mal enger, mal weiter, ähnliche oder gleichartige Phänomene, ohne trennscharf voneinander abgrenzbar zu sein. Social Entrepreneurship ist der in der Wissenschaft und in der Praxis am häufigsten verwendete Begriff, weshalb im Folgenden auch von diesem die Rede sein soll.

> Zusammengefasst vereint Social Entrepreneurship Aspekte von rein wohlfahrtsorientierten Institutionen und gewinnorientierten Unternehmen und grenzt sich gleichzeitig von beiden ab: Der gesellschaftliche Mehrwert liegt klar im Fokus des Handelns, durch welches dennoch ein Gewinn erwirtschaftet werden soll. Anders als bei konventionellen Unternehmen wird dieser Gewinn aber nicht vollständig abgeschöpft, sondern reinvestiert, um erneut gesellschaftlichen Mehrwert zu erzeugen.

Ergänzt sei an dieser Stelle noch die Sichtweise von Social Entrepreneurship als Prozess. So wie klassische Unternehmer:innen innovative Ideen finden und in die Realität umsetzen, so suchen, finden und entwickeln Sozialunternehmer:innen gesellschaftlich wirkungsvolle Lösungen, die sie anschließend umsetzen und verbreiten (vgl. Perrini 2010 zit. nach Millner/Vandor 2022: 242).

Fueglistaller et al. differenzieren zudem weitere Begriffe im Umfeld des Social Entrepreneurships. Nach ihrer Definition ist Social Entrepreneurship ein Ansatz, um gesellschaftliche Probleme unternehmerisch zu lösen. Das Ziel, gesellschaftlichen Mehrwert zu schaffen, steht hier an erster Stelle. Ein **Social Enterprise** ist demnach eine Organisation, die zur Lösung eines gesellschaftlichen Problems gegründet wurde. Dafür kommen verschiedene Ertragsmodelle, inkl. der Verwendung von Spenden und staatlichen Mitteln, in Frage. Wenn Profite generiert werden, dienen diese ausschließlich dem Erreichen des gesellschaftlichen Mehrwerts – Gewinne zu erwirtschaften, ist nicht der eigentliche Zweck eines Social Enterprises. Das **Social Business** dagegen ist eine enger gefasste Form des Social Entrepreneurships. Der gesellschaftliche Mehrwert steht auch bei diesem Ansatz an erster Stelle. Die Mittel hierfür werden allerdings am Markt erwirtschaftet und nicht aus Spenden oder staatlichen Hilfen generiert. Im Unterschied zu konventionellen Unternehmen werden außerdem keine Gewinne an Anteilseigner ausgeschüttet. (vgl. Fueglistaller/Fust/Müller/Müller/Zellweger 2019: 384f.)

Für Muhammad Yunus ist Social Business somit ein besonderer Unternehmenstyp, der aufgrund der genannten Kriterien einerseits von gewinnbringenden und andererseits von sozialen, gemeinnützigen Unternehmen abzugrenzen ist (vgl. Yunus 2010: 28). Er plädiert für eine strikte Nichtausschüttung von Gewinnen.

Die Gründer:innen von Social Enterprises und auch Social Businesses können als **Social Entrepreneurs** bezeichnet werden. Der Ausgangspunkt für ihre Gründung ist meist ein soziales oder ökologisches Problem, das sie mithilfe ihrer Organisation mildern oder lösen wollen. (vgl. Fueglistaller/Fust/Müller/Müller/Zellweger 2019: 384f.)

> In Anlehnung an die genannten Definitionen und die dort synonyme Verwendung von „Sozialunternehmern" und „Social Entrepreneurs" sollen im weiteren Verlauf ebenfalls diese beiden Begrifflichkeiten ohne Unterschied verwendet werden. Dadurch wird die Bandbreite dieses Phänomens gewürdigt.

Entwicklung des Social Entrepreneurships und Entstehung einer Community

Anhand der beschriebenen Definitionsvarianten lassen sich, wie bei jedem wissenschaftlichen Untersuchungsgegenstand, verschiedene Entwicklungen beobachten. Sailer et al. beschreiben **vier Entwicklungsphasen** des Social Entrepreneurships, die gut als Überblick dienen können:

- In der **ersten Phase** gilt gesellschaftliche Verantwortung noch als Teilbereich des Unternehmertums, was in Deutschland mit der sozialen Marktwirtschaft einhergeht. In den 1970er Jahren aber lösen sich gesellschaftliche Verantwortung und Unternehmertum zunehmend voneinander, was den Ausgangspunkt für eine Abgrenzung des Social Entrepreneurships vom konventionellen Unternehmertum bildet.
- Die **zweite Phase** ist wesentlich von Bill Drayton, dem Gründer des Ashoka Netzwerks für Social Entrepreneurs, geprägt. Die Social Entrepreneurs sind in dieser Phase meist glorifizierte Einzelpersonen (sog. „Changemaker"), die durch ihr Handeln eine Systemveränderung erreichen wollen. Damit grenzen sie sich vom konventionellen, profitorientierten Unternehmertum ab.
- Etwa ab 2005 beginnt die **dritte Phase,** in der die Relevanz der Gründerpersönlichkeit und der Organisationsform langsam wieder abnimmt. Außerdem erschließt sich das Social Entrepreneurship immer weitere Themenfelder und sieht sich zunehmend als Entwicklungsarbeit und langfristigen Prozess. In den 2010er Jahren entstehen weitere Formen des Social Entrepreneurships, wie z. B. das Social Business nach dem eingangs genannten Muhammad Yunus, das gänzlich auf den guten Zweck ausgerichtet ist und sämtliche Gewinne reinvestiert, anstatt sie auszuschütten.
- In der **vierten Phase** finden konventionelles Unternehmertum und die Ansätze des Social Entrepreneurships wieder näher zueinander. Mit der Einsicht, dass wirtschaftliches Wachstum nicht nur Wohlstand und Gewinnmaximierung, sondern auch negative Folgen für Gesellschaft und Umwelt mit sich bringt, steigt der Druck auf Unternehmen, verantwortungsvoll und wirkungsorientiert zu handeln. Daher übernehmen sie vermehrt Ziele des Social Entrepreneurships für ihr eigenes unternehmerisches Handeln. (vgl. Sailer/Notz/Planck 2021: 140f.)

Auf die frühen Entwicklungen des Social Entrepreneurships, die nach Sailer et al. als erste Phase bezeichnet werden, wurde bereits im Kapitel Ursprünge des Social Entrepreneurships eingegangen.

Im Anschluss folgt nun eine Skizzierung der jüngeren Entwicklungen im Bereich des Social Entrepreneurships. Parallel zu der geschilderten wissenschaftlichen Reflexion findet Social Entrepreneurship auch auf einer Handlungsebene als beobachtbares Phänomen statt und unterstützende Strukturen sowie eine Öffentlichkeit in Form einer Community entstehen (vgl. Schwarz 2014: 45).

Achleitner sieht Bill Drayton historisch als denjenigen, der den Begriff des Social Entrepreneurs prägte. Mit seinem Verständnis, dass Social Entrepreneurs hoch innovativ Strukturen verändern, hat er eine wesentliche Interpretation von Social

Entrepreneurship geschaffen. Auch seine Gründung des Netzwerks Ashoka für Social Entrepreneurs in den 1980er Jahren bildet einen Meilenstein (vgl. Achleitner 2007: 60). Heute umfasst Ashoka ein Netzwerk von über 3.600 sogenannten Fellows in mehr als 90 Ländern, die als Social Entrepreneurs finanziell und ideell unterstützt werden (Ashoka Deutschland 2021).

Im Jahr 1999 wurde außerdem die Schwab Foundation for Social Entrepreneurship gegründet, die jährlich 40-50 Sozialunternehmer:innen auszeichnet und diesen unter anderem den Zugang zum Netzwerk des Weltwirtschaftsforums verschafft (vgl. Bornstein 2006: 343).

2009 wurde vom Rat für Nachhaltige Entwicklung im Rahmen des Deutschen Nachhaltigkeitspreises erstmalig ein Sonderpreis für einen Social Entrepreneur der Nachhaltigkeit vergeben. Dies gilt im Rückblick als erstes prominentes Signal eines Interesses an Social Entrepreneurship vonseiten der Politik und Administration in Deutschland. In Großbritannien beispielsweise war Social Entrepreneurship dagegen bereits in den 1990er Jahren Teil des Regierungshandelns. (vgl. Gebauer/Ziegler 2013: 21)

In den darauffolgenden Jahren haben einige weitere Initiativen ihren Ursprung. So wurde 2010 die Social Entrepreneurship Akademie (SEA) von den Entrepreneurship-Centern der vier Münchner Hochschulen (Ludwig-Maximilians-Universität, Technische Universität, Universität der Bundeswehr und Hochschule München) gegründet (SEA Akademie 2015; Sprinkart/Gottwald/Sailer 2014: 267). Der Sitz der SEA ist am Strascheg Center for Entrepreneurship (SCE) der Hochschule München.

Das World Food Programme (WFP) der Vereinten Nationen hat 2015 in München einen Innovation Accelerator eröffnet, mit dem Ziel, mittels Startup-Methoden innovative Lösungsansätze gegen den Hunger in der Welt zu entwickeln. WFP-Mitarbeitende erarbeiten zusammen mit Expert:innen, Unternehmer:innen und Akteur:innen der Zivilgesellschaft in einem Zeitraum von drei bis sechs Monaten kreative Werkzeuge für humanitäre Hilfe. (Welternährungsprogramm der Vereinten Nationen 2023)

Im Jahr 2017 wurde das Social Entrepreneurship Netzwerk Deutschland (SEND e.V.) als Interessenverband der Social Entrepreneurs gegründet (SEND e.V. 2021). Heute bietet es ein vielfältiges Netzwerk und wird von vielen Partnern, u.a. der Europäischen Kommission, gefördert (vgl. Hoffmann/Kiefl/Scharpe/Wunsch 2022: 3). Die Ziele sind hierbei eine besser Vernetzung untereinander und die Funktion als Ansprechpartner für die Politik (vgl. Röhl 2018: 1).

Damit nimmt SEND e.V. eine wichtige Rolle ein, denn auch auf politischer Ebene steigt das Interesse an Innovationen im Sozialbereich. Sowohl im Programm der Regierungskoalition 2018–2021 als auch im Koalitionsvertrag der aktuellen Bundesregierung (ab 2021) findet soziales Unternehmertum seine Berücksichtigung (vgl. SEFORÏS Forschungskonsortium 2020: 3; Bundesregierung 2021: 21). Im Mai 2020 hat sich der Bundestag näher mit dem Thema soziale Innovationen beschäftigt und war sich einig, dass diese stärker gefördert werden sollen. Die politische Diskussion steht dennoch am Anfang und findet auf einer eher allgemeinen Ebene statt (vgl. Deutscher Bundestag 2020; SEFORÏS Forschungskonsortium 2020: 3). Ausdruck eines verstärkten politischen Interesses sind ein ressortübergreifendes Konzeptpapier über Soziale Innovationen und eine ausführliche Auflistung der verschiedenen Förderprogramme unter Führung des Bundesministeriums für Bildung und Forschung (vgl. Bundesministerium für Bildung und Forschung 2021). Insgesamt haben soziale Innovationen in der innovationspolitischen Förderung der Bundesregierung deutlich an Aufmerksamkeit gewonnen. Nicht zuletzt hat die Ernennung einer eigenen Beauftragten für soziale Innovationen ein starkes Signal gesetzt. (vgl. Kreibich/Thiem 2022: 68)

Social Entrepreneurship wird auch mit einem Jahrestag gewürdigt: der dritte Donnerstag im November wird als Social Enterprise Day jedes Jahr im Rahmen der Global Entrepreneurship Week gefeiert. (Global Entrepreneurship Network 2022; und Days of the Year 2023)

> **Reflexionsfragen:**
> 1. Welche Ausprägungen von Social Entrepreneurship gibt es?
> 2. Was charakterisiert ein Social Enterprise?
> 3. Wie stehen soziale Innovationen und Social Entrepreneurship zueinander?
> 4. In welchen Bereichen ist Social Entrepreneurship sinnvoll und denkbar und in welchen nicht?
> 5. Kann Social Entrepreneurship den Anforderungen gerecht werden, die daran gestellt werden? (z. B. Erreichung der 17 Social Development Goals)

In der vorangegangenen Einführung zu Social Entrepreneurship wurde bereits ein Blick auf dessen Ursprünge bis hin zur Entstehung einer Community geworfen. Auch eine begriffliche Annäherung und Klärung, sowie eine Erläuterung der Besonderheiten von Social Entrepreneurship fand statt. Das folgende Kapitel geht nun der Frage nach, wie Social Entrepreneurship einen gesellschaftlichen Wandel bewirken kann. Dafür zeichnet es die möglichen Phasen eines Social Enterprises von der Gründung bis hin zu einer systemischen Veränderung nach.

2. Gründungsphasen: Vom Problem über die Gründung zur Systemveränderung

Wie bereits im Einführungskapitel angesprochen, kann Social Entrepreneurship nicht nur inhaltlich, sondern auch als Prozess betrachtet werden, denn die Entwicklung eines Social-Entrepreneurship-Projekts von der Idee bis hin zur Unternehmensgründung kann einen Zeitraum von mehreren Monaten oder sogar Jahren in Anspruch nehmen. Hinzu kommt die Zeit für die erfolgreiche Verbreitung der Innovation bei der Zielgruppe und schlussendlich eine dauerhafte Lösung des adressierten gesellschaftlichen Problems.

Um diesen Prozess besser nachvollziehen zu können, ist es sinnvoll, ihn in Phasen einzuteilen. Dazu gibt es verschiedene Ansätze, die die einzelnen Schritte im Innovationsprozess unterschiedlich detailliert betrachten. Einige davon werden im Folgenden vorgestellt.

Die vier Gründungsphasen nach SEND e. V.

SEND e.V. teilt den Gründungprozess in die folgenden vier Phasen ein:

1. Problemdefinition & Ideenentwicklung: Eine gesellschaftliche Herausforderung wird erkannt und erforscht. Ein Wirkungs- und ein Geschäftsmodell zu deren Lösung werden entworfen.
2. Prototypenentwicklung: Wirkungs- und Geschäftsmodell werden auf ihre Funktionalität in der Realität überprüft.
3. Implementierung: Wirkungs- und Geschäftsmodell werden umgesetzt und kontinuierlich verbessert. Die Organisation wird gegründet.
4. Verbreitung & Skalierung: Das Gründungsteam verbreitet die Wirkung seiner Organisation kontinuierlich. (SEND e.V. o. J.: 26)

Die vier Phasen nach SEND e.V. bieten eine gute und einfache Strukturierung der Umsetzung einer sozialen Innovation im Rahmen eines Social-Entrepreneurship-Projekts. Gleichzeitig ist der Ansatz sehr umfassend. Er bezieht die Problemdefinition als Startpunkt bis hin zur Diffusion in der Gesellschaft als Endpunkt mit ein.

Der Design-Thinking-Ansatz

In der Gründungslehre wird der Design-Thinking-Ansatz gerne verwendet, um neue Lösungen für existierende Probleme zu entwickeln. Der in den 1990iger Jahren an der Universität Stanford als methodisches Gerüst entwickelte und von der Innovations-Agentur IDEO ausgearbeitete Ansatz ist eine Sammlung von Methoden, um Innovationsprojekte durchzuführen (vgl. Gürtler/Meyer 2019: 14). Die d.school an der Stanford University und das Hasso-Plattner-Institut in Potsdam, gefördert vom gleichnamigen Mitgründer des Software-Konzerns SAP, sowie die Universität St. Gallen sorgten für einen weiteren Bekanntheitsschub dieses Ansatzes (vgl. Gehm 2022: 59; und Plattner/Meinel/Weinberg 2011: 11ff.)

Inhaltlich ist die Design-Thinking-Methode ein strukturierter und iterativ durchgeführter Prozess, der sich konsequent an den Bedürfnissen der Nutzer:innen oder Kund:innen orientiert. Idealerweise erfolgt die Bearbeitung durch interdisziplinäre Teams (vgl. Schallmo/Lang 2020: 20).

Im Design Thinking wird der Innovationsprozess folgendermaßen dargestellt:

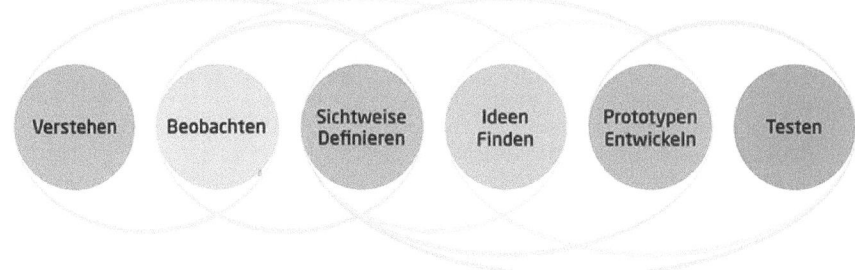

Abbildung 3: Design Thinking Innovationsprozess. Quelle: HPI School of Design Thinking o. J.; Plattner/Meinel/Weinberg 2011: 114.

Am Anfang steht ein tiefgehendes Verstehen des Problems und das intensive Beobachten der potenziellen Nutzer:innen in ihrem Verhalten. Die gewonnen Ergebnisse werden zusammengefasst und Sichtweisen über das weitere Vorgehen definiert. Anschließend werden Ideen entwickelt, die anhand von Prototypen und deren Testung umgesetzt werden. (HPI School of Design Thinking o. J.; und Plattner/Meinel/Weinberg 2011: 113ff.)

Der für die Innovationsentwicklung prominente und bewährte Ansatz war ursprünglich für Produkt- und Softwaredesign gedacht und hat heute eine breite Anwendung gefunden. Auch auf soziale Innovationen ist die Methode gut anwendbar, da sie intensive Phasen des Verstehens und Beobachtens beinhaltet, um gesellschaftliche Problematiken an ihren wirklichen Ursachen anzugehen. Allerdings endet der idealtypische Prozess im Design Thinking mit dem Testen des Prototyps. Die Umsetzung und damit die Lösung bzw. Linderung eines gesellschaftlichen Problems und damit der eigentliche Erfolg einer sozialen Innovation ist in diesem Modell nicht abgebildet.

Der Innovationsprozess nach Murray et al.

Anders als der vorangegangene Design-Thinking-Ansatz geht der Innovationsprozess nach Murray et al. (vgl. Murray/Caulier-Grice/Mulgan 2010) über die Phase des Prototyps hinaus und scheint daher noch besser geeignet, um gesellschaftliche Veränderungen, die im Fokus von Social Enterprises stehen, zu berücksichtigen.

Murray et al. teilen den Innovationsprozess in sechs Phasen ein und beschäftigen sich explizit mit der Entstehung und Diffusion von sozialen Innovationen, die im engen Zusammenhang mit Social Entrepreneurship stehen. Das Konzept schließt ausdrücklich einen systemischen Wandel mit ein und ist daher für das Verständnis von sozialen Innovationen und deren Verbreitung von Bedeutung.

Für die folgenden Ausführungen ist die eingehende Beschreibung des Modells von Murray et al. grundlegend und wird nach Bethmann (2020) dargestellt.

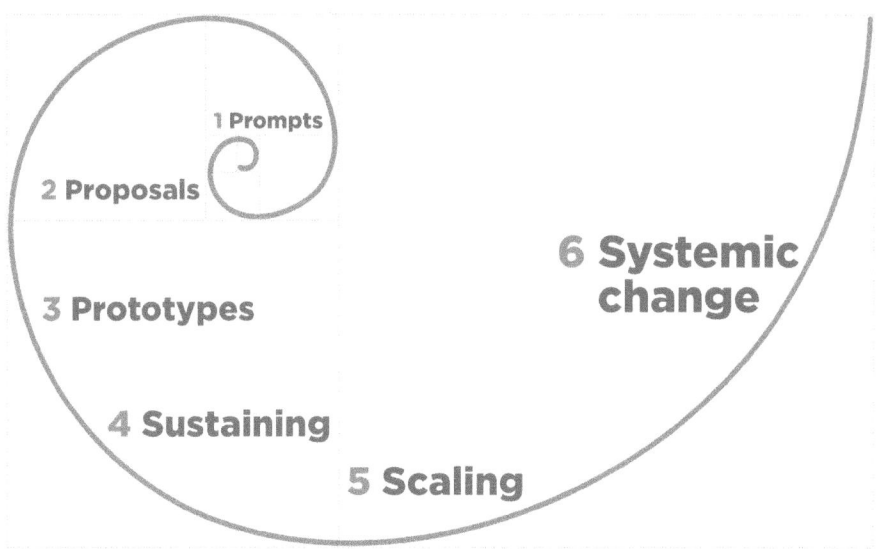

Abbildung 4: Der Prozess sozialer Innovationen. Quelle: Murray/Caulier-Grice/Mulgan 2010: 11.

Der auf empirischen Forschungen beruhende Prozess ähnelt den zuvor beschriebenen vier Gründungsphasen nach SEND e.V. Er startet ebenfalls mit der Wahrnehmung eines Problems, endet aber idealerweise nicht mit der Verbreitung und Skalierung, sondern schließt den systemischen Wandel mit ein (vgl. Bethmann 2020: 66).

Generell ist bei diesem sowie anderen Modellen immer zu berücksichtigen, dass soziale Innovationen sich nicht linear verbreiten und dass sich einzelne Phasen überschneiden oder in anderer Reihenfolge eintreten können. Auch das Phasenschema nach Murray et al. bietet keine einfache Methodik, um soziale Innovationen zu generieren, denn für die meisten sozialen Probleme gibt es keine einfache Lösung. Zudem sind die Probleme selbst wie auch die Bereitschaft, etwas an ihnen zu ändern, sehr unterschiedlich. Somit ist das Phasenschema nicht als Planungsinstrument zu verstehen, sondern die im Folgenden beschriebenen Phasen können lediglich als Orientierungsrahmen dienen, z. B. für Organisationen, die soziale Innovationen initiieren oder fördern möchten. (vgl. Bethmann 2020: 66)

1. Prompts: Auslöser und Problemformulierung

Am Anfang einer sozialen Innovation stehen ein Problem und der Wille, es zu lösen. Dies sind die Grundvoraussetzungen, die Akteure zum Handeln bewegen.

2. Gründungsphasen: Vom Problem über die Gründung zur Systemveränderung

Meist entsteht der Wille zur Lösung eines Problems durch eigene Betroffenheit oder durch Empathie mit den Betroffenen. Handelnde können also sowohl Betroffene eines Problems als auch Außenstehende sein.

Um wirksam handeln zu können, muss das Problem zunächst definiert und dessen Ursachen müssen herausgefunden werden. Dafür ist es sinnvoll, aus möglichst vielen Quellen zu schöpfen. Eine Unterteilung bspw. in sachliche, zeitliche und soziale Ursachen kann selbst vorgenommen werden, um das Problem weniger überwältigend wirken zu lassen. Da jede Problembetrachtung immer von bestehenden Machtstrukturen geprägt ist, wird auch die Neu- und Umformulierung von Problemwahrnehmungen als großes Potenzial von sozialen Innovationen gesehen. So eröffnet z. B. die Konzentration auf die Stärken anstatt auf die Schwächen der Betroffenen neue Handlungsdimensionen. Nicht nur aus diesem Grund ist die Einbeziehung von betroffenen Gruppen für eine gelungene Problemformulierung elementar. So kommen nicht nur Probleme zum Vorschein, sondern auch Hemmnisse, die bewirken, dass Betroffene nicht selbst dagegen vorgehen. Ein weiteres Mittel zur Problemformulierung sind wissenschaftliche Studien. Diese betrachten das Problem nochmals von einem anderen Blickwinkel aus und tragen somit zu einem breiteren Problemverständnis bei.

2. Proposals: Ideen und Lösungsvorschläge

Wenn das Problem im ersten Schritt definiert wurde, kann die Suche nach Lösungsvorschlägen beginnen. Um eine Situation zu ändern, braucht es konkrete Ideen und Handlungspläne, für die Kreativität gefragt ist. In der Phase der Ideenfindung sind somit auch radikale und abwegige Ideen zulässig. Um die Zusammenhänge verschiedener Elemente zu erkennen, sollen bewusst neue Perspektiven eingenommen werden. Methoden, die den Gedankenprozess leiten, können die Vorstellung einer Utopie bzw. Idealsituation sein oder die Reduktion des Problems auf dessen essenzielle Bestandteile. So können spezifische Punkte gefunden werden, an denen etwas geändert werden soll.

Um weitere Akteur:innen schließlich von einem Lösungsansatz zu überzeugen, braucht es überzeugende Narrative. Daher sollten in dieser Phase bereits Betroffene sowie Fachexperten einbezogen werden. So steigt die Wahrscheinlichkeit, dass eine Lösung später Unterstützung finden wird. Für die Generierung von Ideen werden weiterhin Methoden vorgeschlagen, wie Crowd Sourcing, Wettbewerbe, Ideenmarktplätze oder klassische Forschung. Die gefundenen Lösungen können schließlich in der Entwicklung von Geschäftsmodellen münden.

Da die Entwicklung eines Geschäftsmodells einen elementaren Schritt für die Gründung eines Social Enterprises darstellt, folgt an dieser Stelle ein Einschub zu den wichtigsten Informationen und Tools rund um das Thema Geschäftsmodell.

Toolbox: Geschäftsmodell

> Ein Geschäftsmodell zeigt die logischen Zusammenhänge des zu schaffenden Kundennutzens, der Gestaltung der Leistungserstellung und eines Ertragsmodells auf (vgl. Fueglistaller/Fust/Müller/Müller/Zellweger 2019: 400). Wie eine abstrakte und komplexitätsreduzierende Skizze, beschreibt es die Funktionsweise eines Unternehmens (vgl. Fueglistaller/Fust/Müller/Müller/Zellweger 2019: 141). Neben klassischen Tools zur Erstellung eines Geschäftsmodells gibt es auch solche, die auf soziale Innovationen ausgelegt sind:

Social Business Model Canvas

Über den Ansatz von Murray et al. hinaus können an diesem Punkt des Innovationsprozesses verschiedene Instrumente, wie z. B. das Social Business Canvas oder das GWÖ-Canvas, hilfreich sein. Diese dienen einerseits dazu, die verschiedenen Akteure der Problemlösung im Blick zu behalten und andererseits, ganz im Sinne eines Social Entrepreneurs, ein Geschäftsmodell zu entwickeln.

Das ursprünglich von Osterwalder und Pigneur 2011 entwickelte Business Model Canvas propagiert eine gemeinschaftliche, iterative und kreative Erarbeitung eines Geschäftsmodells. Elemente dafür sind das Wertversprechen („Value Proposition"), die Kundenseite und die Produkt- bzw. Dienstleistungserstellung. Als Basis dient die Berücksichtigung der Einnahmen- und Ausgabenseite. Insgesamt kann aus den erarbeiteten Ergebnissen ein Businessplan erstellt werden (vgl. EBC-Entwicklungsteam 2022: 3).

Eine Erweiterung und damit Anwendbarkeit für Social Entrepreneurs erfolgt durch das Konzept des Social Business Model Canvas. Das Wertversprechen als zentrales Element wird differenziert in eine soziale und in eine kommerzielle Leistung, wie in folgender Abbildung ersichtlich:

2. Gründungsphasen: Vom Problem über die Gründung zur Systemveränderung

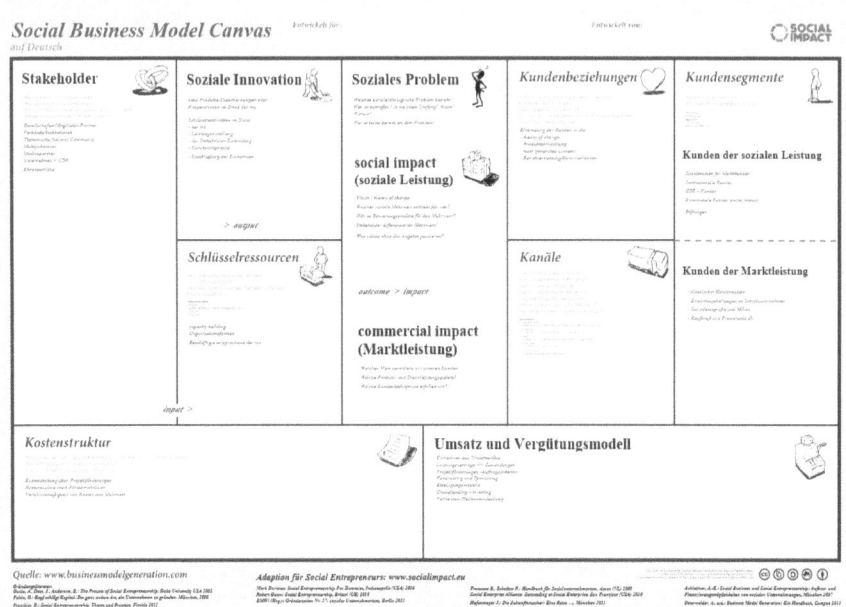

Abbildung 5: Social Business Model Canvas. Quelle: Gründungszentrum Enterprise.

Mit dem Ecogood Business Canvas als Tool zur Erarbeitung eines Geschäftsmodells erfolgt nochmals eine Erweiterung. Die Gemeinwohl-Orientierung wird ebenso explizit als zu bearbeitendes Element eingefügt, wie die Berücksichtigung der Stakeholder, im Sprachgebrauch der Gemeinwohl-Ökonomie „Berührungsgruppen" genannt (vgl. EBC-Entwicklungsteam 2022: 4).

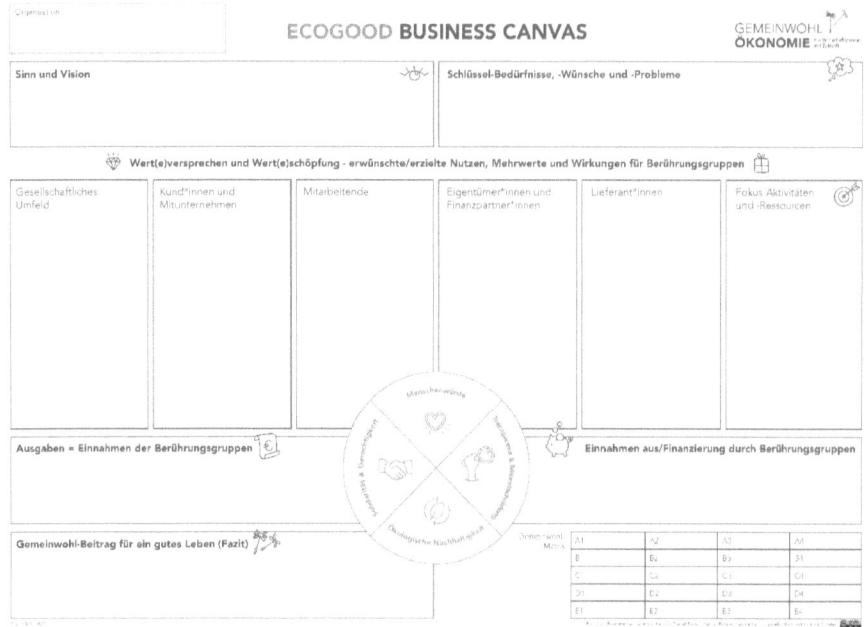

Abbildung 6: Ecogood Business Canvas. Quelle: EBC-Entwicklungsteam 2022.

Für das Ziel, mit einer unternehmerischen Idee eine soziale Wirkung zu erzielen, muss im Social Entrepreneurship die finanzielle Seite berücksichtigt werden. Laufende Kosten und Investitionen müssen eingeplant und gedeckt werden, um das Überleben der Idee zu sichern (vgl. Schellberg/Danner/Gerhard/Hunter/Kießling 2018: 31).

Magisches Dreieck nach Gassmann et al.

Gassmann et al. stellen mit ihrem magischen Dreieck mit den vier Dimensionen einen einfacheren Ansatz zur Beschreibung und Entwicklung eines Geschäftsmodells dar.

2. Gründungsphasen: Vom Problem über die Gründung zur Systemveränderung

Abbildung 7: Das magische Dreieck mit den vier Dimensionen eines Geschäftsmodells. Quelle: Gassmann/Frankenberger/Choudury 2021: 9.

Elemente sind hierbei die Ertragsmechanik, also die Betrachtung von Kosten und Umsätzen, und die Wertschöpfungskette in Form der Prozesse der Leistungserstellung. Des Weiteren wird das Nutzenversprechen, also die Produkte und Dienstleistungen, betrachtet. Außerdem wird der Frage nachgegangen, wer als Zielgruppe, als Kund:in in Betracht kommt. (vgl. Gassmann/Frankenberger/Choudury 2021: 9)

Dieses Modell baut auf der Annahme auf, dass die Kundschaft selbst für die in Anspruch genommene Leistung bezahlt, wie es bei vielen kommerziellen, aber auch manchen Sozialunternehmen der Fall ist. Stichwort hier ist der Begriff Selbstzahler.

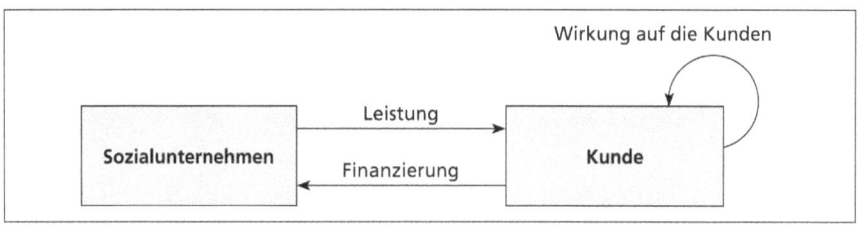

Abbildung 8: Geschäftsmodell Selbstzahler. Quelle: Schellberg 2017: 48

Geschäftsmodell gesellschaftliche Wirkung

Im Unterschied zur direkten Finanzierung bzw. Bezahlung durch die Kundschaft für die erbrachte Leistung, wird in vielen Aktionsfeldern des Social Entrepreneurships die Finanzierung der Produkte und Dienstleistungen eines Sozialunternehmens durch andere Institutionen geleistet. Der Grund dafür besteht u.a. in mangelnden finanziellen Möglichkeiten gerade von vulnerablen Zielgruppen oder im Fehlen eines Marktes, bspw. bei Umweltthemen. Demzufolge stehen Social Entrepreneurs vor der Herausforderung, dass sie sowohl die Bedürfnisse ihrer Zielgruppe mit ihrem Nutzenversprechen bedienen, als auch die Anforderungen von Finanzierungspartner:innen, wie bspw. öffentlichen Geldgeber:innen, Stiftungen, Investor:innen berücksichtigen müssen.

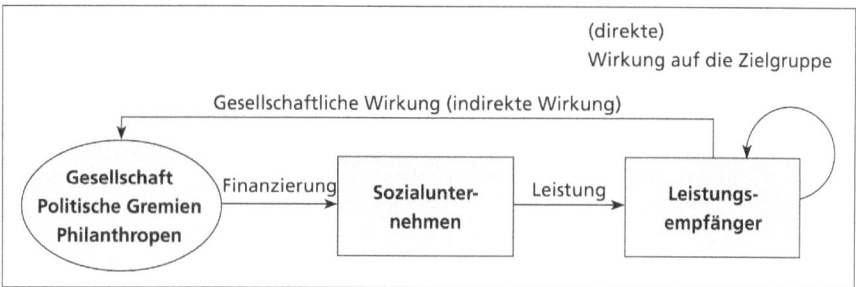

Abbildung 9: Geschäftsmodell gesellschaftliche Wirkung. Quelle: Schellberg 2017: 49.

Weitere Prinzipien beim Aufbau von Geschäftsmodellen für Sozialunternehmen lassen sich nach Fueglistaller et al. im Unterschied zu rein kommerziellen bzw. rein wohlfahrtsorientierten Vorgehensweisen feststellen:

- Das Co-Creation-Prinzip, im Sinne der Einbindung der Zielgruppe in die Erstellung und Verbreitung des Produkts oder der Dienstleistung.
- Die Bekämpfung von Ursachen und nicht nur die Behandlung von Symptomen, wie bspw. der Aufbau einer Trinkwasserversorgung anstatt der Ausgabe von Tabletten gegen Durchfall.
- Ein Ertragsmodell, d. h. die Generierung von Einnahmen, um die eigene Vision zu erreichen und unabhängig von Spenden zu sein, bzw. den Aufwand zu deren Akquise zu sparen. (vgl. Fueglistaller/Fust/Müller/Müller/Zellweger 2019: 400ff.)

In Deutschland agieren Sozialunternehmen vorwiegend nach drei Betriebsmodellen: Gebühren für Dienstleistungen (67 Prozent), Quersubventionierung (35 Prozent) sowie Unternehmerunterstützung und Marktvermittlung (22 Prozent) (vgl. SEFORÏS Forschungskonsortium 2016: 10f.). Die Bezeichnung „Betriebsmodell" definiert in diesem Fall die Art und Weise, in der Organisationen sozialen Wert (soziale Wirkung) und wirtschaftlichen Wert (selbstgeneriertes Einkommen) schaffen. Dies kann mit dem Begriff „Geschäftsmodell" gleichgesetzt werden.

Einnahmen aus Gebühren für Dienstleistungen bedeuten entweder den direkten Verkauf der Dienstleistung an die Kundschaft oder den Ankauf der Produkte der Klienten mit der Übernahme ihrer Vermarktung, um daraus mittels einer Gewinnspanne eigene Erlöse zu erzielen. Als Grund für die hohe Prozentzahl der Gebühren aus Dienstleitungen wird die Einbettung der Sozialunternehmen in das deutsche Wohlfahrtssystem genannt, denn viele Organisationen verkaufen ihre Dienstleitungen an die öffentliche Hand.

Quersubventionierung bedeutet, Erlöse über den Verkauf von Produkten oder Dienstleitungen auf einem externen Markt zu generieren und damit soziale Dienste oder Programme zu finanzieren.

Unternehmerunterstützung und Marktvermittlung wird in der zitierten Studie definiert als die Kommerzialisierung von sozialen Dienstleistungen und deren Verkauf direkt an die verschiedenen Zielgruppen, wie Individuen, Firmen, Gemeinschaften oder andere.

3. Prototypes: Prototypen und Piloten

Dieser Schritt des Innovationsprozesses nach Murray et al. lehnt sich an den technischen Bereich an, in dem es gängige Praxis ist, Prototypen zu erstellen, die von einer Testgruppe erprobt werden. Dasselbe Vorgehen ist auch für soziale Innovationen sinnvoll, da sich erst in der realen Anwendung eines Lösungsansatzes herausstellt, ob dieser geeignet ist und angenommen wird. Oft stellt sich in dieser Phase heraus, dass Annahmen aus der Problemfindungsphase falsch oder weniger wichtig waren. Dann können Pläne entsprechend angepasst werden. Falls ein Pilotprojekt scheitert, bedeutet das nicht zwangsläufig, dass die zugrundeliegende Idee verworfen werden muss. Oftmals sind lediglich Anpassungen nötig, sodass ein bestehender Lösungsansatz doch noch gelingen kann.

Im Vergleich zu technischen Innovationen ist bei der Erprobung von sozialen Innovationen erhöhte Vorsicht geboten. Wenn der Lösungsansatz eines Pilotprojekts schlechter funktioniert als bereits bestehende Lösungsansätze, kann dies dazu führen, dass die betroffenen Personen zu Schaden kommen. Daher sollten die Lösungsansätze im sozialen Bereich schon sehr weit gereift sein, bevor sie erprobt werden.

Ein wichtiger Vorgang in der Prototypen-Phase ist die Evaluation. Durch verschiedene Evaluationstechniken und Messmethoden soll die Wirksamkeit eines Lösungsansatzes überprüft und dokumentiert werden. So können Evidenzen geschaffen werden, dass ein Lösungsansatz funktioniert, was wiederum nötig ist, um Unterstützung für denselben zu finden.

4. Sustaining: Nachhaltige Verankerung

Streng genommen handelt es sich erst dann um eine soziale Innovation, wenn ein neuer Lösungsansatz nachhaltig in der Gesellschaft verankert ist. Um einen funktionierenden Lösungsansatz zu etablieren, sind allerdings weitere und langfristige Anstrengungen nötig.

Die Wahrscheinlichkeit dafür, dass sich eine soziale Innovation durchsetzt, hängt von vielen Faktoren ab. Die folgenden Fragen können helfen, die Erfolgsaussichten eines Lösungsansatzes einzuschätzen:

- Bietet der Lösungsansatz einen Vorteil gegenüber bewährten Ansätzen?
- Ist er sehr komplex oder leicht umsetzbar?
- Ist er mit Wertesystem, Erfahrungen, Bedürfnissen, Gewohnheiten und Entscheidungsträgern übereinzubringen?
- Wie hoch ist die bestehende Regelungsdichte?
- Welche Macht- und Interessenstrukturen bestehen?
- Wie sieht das institutionelle Umfeld aus?

Wenn ein Lösungsansatz erfolgversprechend ist, können die folgenden Strategien helfen, ihn dauerhaft zu institutionalisieren:

- Meinungskoalitionen aufbauen: Wenn eine Änderung von öffentlichen Regeln und Gesetzen nötig ist, braucht es Akteur:innen auf politischer Ebene, die sich dafür einsetzen.
- Entscheidungsträger:innen einbeziehen: Je früher die Gruppen und Personen in die Planung einbezogen werden, die über die Rahmenbedingungen entscheiden, unter denen ein Lösungsansatz umgesetzt werden soll, desto höher ist die Wahrscheinlichkeit, dass sie die Einführung der Innovation unterstützen.
- Fähigkeiten und Kapazitäten aufbauen: Die Organisationen, die für die Umsetzung eines Lösungsansatzes verantwortlich sein werden, werden dies nur unter passenden Bedingungen schaffen können. Auf deren Erfüllung sollte möglichst frühzeitig hingearbeitet werden.
- Einen Businessplan erstellen: Im Bereich der sozialen Innovationen gibt es verschiedene Aspekte zu beachten, um einen funktionierenden Businessplan zu erhalten.

5. Scaling: Skalierung und Diffusion

Bei konventionellen Unternehmen hat Skalierung das Ziel, zu wachsen, neue Märkte zu erobern und Skaleneffekte zu erreichen. Bei Social-Entrepreneurship-Organisationen geht es dagegen um die Erweiterung der gesellschaftlichen Wirkung, bzw. deren Vertiefung. Eine größere Anzahl an Nutzer:innen oder Begünstigten bedeutet eine Skalierung quantitativer Art. Eine Diversifikation der Tätigkeiten bedeutet eine vertiefende Skalierung, im Sinne einer qualitativen Erweiterung. Die Europäische Kommission (2016) identifiziert in einem Dossier folgende Möglichkeiten der Skalierung für Sozialunternehmen:

- Expansion durch Wachstum der Organisation selbst, durch Fusion und Übernahmen oder durch Diversifikation;
- Imitation durch den Aufbau von Zweigstellen oder eines Social-Franchise-Konzepts (siehe weiter unten in diesem Kapitel);

- Ausbau strategischer Partnerschaften, z. B. mit staatlichen Stellen, Unternehmen oder anderen Social Entrepreneurs;
- Wissenstausch und Vernetzung. (vgl. Europäische Kommission 2016)

Dieselben Faktoren, die darüber entscheiden, ob eine soziale Innovation sich in der Gesellschaft verankern kann, entscheiden auch darüber, ob sie sich verbreiten wird. Bei der Übertragung einer sozialen Innovation auf andere Orte kommt es zwangsläufig zu Anpassungen an lokale Kontexte (Re-Invention), denn nur so kann ein Lösungsansatz Akzeptanz unter der neuen Zielgruppe finden.

Eine Voraussetzung für die Verbreitung sozialer Innovationen ist der offene Wissenstransfer, z. B. durch Handbücher, offene Datenbanken und wissenschaftliche Publikationen. Genau darin liegt ein Problem in der Phase der Skalierung und Diffusion. Oft mangelt es bei den Innovator:innen an Ressourcen und/oder dem Interesse, ihre Lösungsansätze in die Breite zu tragen. So gelangen Wissen und Lernerfahrungen nicht zu denen, die an der Verbreitung der Innovation interessiert sind. Eine Ursache dafür ist, dass die Aussicht auf Profit, ein Treiber für die Verbreitung kommerzieller Innovationen, in Bezug auf soziale Innovationen fehlt. Weitere Hemmnisse sind fehlende Netzwerke in anderen Regionen oder mangelndes Interesse der Innovator:innen, viel zu reisen und Zeit außerhalb der eigenen Gemeinschaft zu verbringen.

Wenn Innovator:innen dennoch daran interessiert sind, ihre Lösungsansätze selbst zu skalieren, gibt es hierfür verschiedene Optionen. Eine davon besteht in der Vergrößerung bzw. Ausbreitung der eigenen Organisation, z. B. über vertragliche Partnerschaften oder Franchise. Im Gegensatz zu technischen Innovationen besteht hier allerdings meist das Problem, dass eine Patentierung des Lösungsansatzes einer sozialen Innovation nicht möglich ist. Somit scheiden verschiedene Finanzierungsmöglichkeiten von Anfang an aus. Daher braucht es zur Umsetzung sozialer Innovationen oft Fördergelder von Stiftungen oder anderen Trägern.

Social Franchising

Eine Möglichkeit, gesellschaftlich wertvolle Lösungsansätze im Social Entrepreneurship zu skalieren, sie also quantitativ und systematisch zu verbreiten, ist das Konzept des Social Franchising (vgl. Lahme 2018: 80). Ähnlich der kommerziellen Variante, dem Business Franchising, stellt ein Franchise-Geber einem Franchise-Nehmer in unterschiedlicher Kooperationstiefe Produkte, Dienstleistungen oder ganze Geschäftskonzepte gegen Lizenz zur Verfügung (vgl. Lahme 2018: 68ff.). Für den Franchise-Geber ergibt sich die Möglichkeit, sein Geschäftsmodell zu multiplizieren und Einnahmen aus den Lizenzgebühren zu generieren. Im Gegenzug kann der Franchise-Nehmer auf ein bewährtes und erprobtes Geschäftsmodell zurückgreifen, bleibt aber rechtlich selbstständig und bearbeitet den Markt auf eigene Rechnung und eigenes Risiko.

Spezifische Aspekte des Social Franchising sind zum einen andere Varianten bzw. Finanzgeflechte als eine rein monetäre Lizenzierung (vgl. Lahme 2018: 92). Zum anderen wird die Unterschiedlichkeit des Social Entrepreneurship zum kommerziellen Entrepreneurship auch in der Ausgestaltung von Social-Franchising-Modellen sichtbar. Dies zeigt sich insbesondere bei der Differenzierung der Zielgruppen zwischen Kund:innen bzw. Begünstigten und Kostenträger:innen, also Investor:innen oder die öffentliche Hand, die die erbrachte Leistung finanzieren, wie in der folgenden Grafik zu sehen ist:

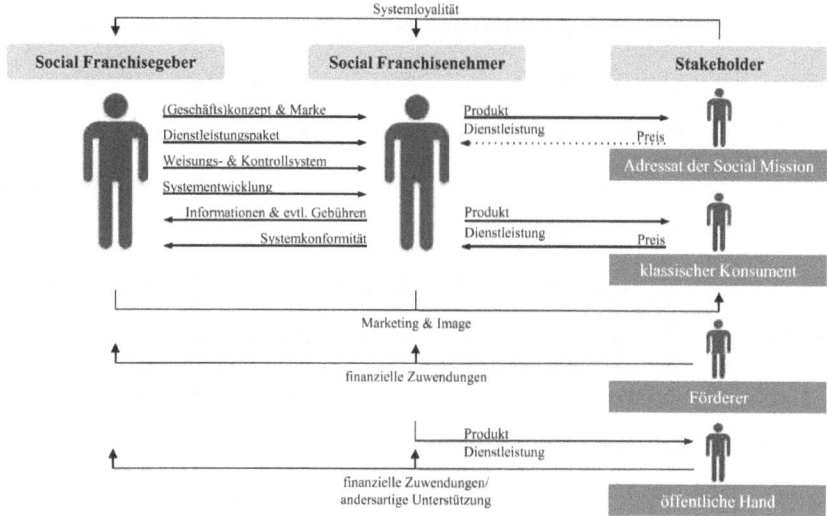

Abbildung 10: Beziehungsgeflecht zwischen Akteuren des Social Franchisings. Quelle: Lahme 2018: 101.

Eine Organisation gibt als Social Franchisegeberin im Rahmen eines Lizenzvertrages das Geschäftskonzept, die Marke und weiteres Knowhow an einen oder mehrere Social Franchisenehmer, die dafür Gebühren und/oder Umsatzanteile an die Franchisegeberin bezahlen. Der Franchisenehmer wiederum bietet die Produkte und/oder Dienstleistungen aus dem von der Franchisegeberin erworbenen Geschäftskonzept klassischen Konsument:innen gegen Bezahlung oder Adressat:innen der Social Mission (z. B. Bedürftige, Patient:innen, Klient:innen) an. Da Letztere oft nicht über genügend finanzielle Mittel verfügen, wird die Leistung von Förderorganisationen oder der öffentlichen Hand finanziert und an den Franchisenehmer erstattet.

Beispiele:

Zwei Beispiele illustrieren den Aufbau von Social Franchising (vgl. Fueglistaller/Fust/Müller/Müller/Zellweger 2019: 393f.):
Der Verein *Irrsinnig Menschlich* setzt sich mit dem Programm „Verrückt? Na und!" gegen Stigmatisierung, Ausgrenzung und Diskriminierung von Menschen mit seelischen Gesundheitsproblemen ein. Der Verein stammt aus Leipzig und hat seine Idee durch einen Social-Franchising-Ansatz mit über 40 Regionalgruppen in Deutschland, Tschechien, Slowakei und Österreich in der Fläche verbreitet. (Siehe auch Ashoka Deutschland und McKinsey & Company 2019: 17)

> Die *wellcome gGmbH* hat mithilfe eines Social-Franchise-Konzepts mittlerweile circa 230 sog. Wellcome-Teams in Deutschland, Österreich und der Schweiz. Ehrenamtliche besuchen im Rahmen dieser Initiative ein- bis zweimal pro Woche junge Familien in den ersten Wochen nach der Geburt und unterstützen diese mit praktischer Hilfe.

6. Systematic Change: Systemische Veränderung

Im Gegensatz zu den meisten technischen Innovationen schließt sich an die vorangegangenen Prozesse bei sozialen Innovationen eine zusätzliche Verantwortungsstufe an. Im Optimalfall hat eine soziale Innovation ihr Ziel mit ihrer Verbreitung und Skalierung noch nicht erreicht, sondern sie wird Teil des fortlaufenden Prozesses einer systemischen Veränderung. Dies bedeutet, dass fundamentale Änderungen in größeren gesellschaftlichen Teilbereichen stattfinden. Indem eine soziale Basisinnovation bzw. systemische Innovation gelingt, gibt es einen Paradigmenwechsel auf deren Feld. Dieser wiederum kann weitere gesellschaftliche Entwicklungen beeinflussen und es kommt zu einer bedeutenden Änderung von Verhaltensmustern, Wertvorstellungen und gesellschaftlichen Normen.

Im Verlauf einer systemischen Veränderung wird es mit größter Wahrscheinlichkeit Komplikationen geben, die immer wieder neue Anpassungen erforderlich machen. Ebenso werden weitere technische und soziale Innovationen den Prozess begleiten und vorantreiben.

Wissenschaftlich ist der Zusammenhang zwischen sozialen Innovationen und systemischen Veränderungen noch nicht geklärt. Es wird aber angenommen, dass für systemische Veränderungen viele Aspekte zusammenkommen müssen, von denen soziale Innovationen nur ein Teil sind. Zudem kommt dem Staat eine entscheidende Rolle bei systemischen Veränderungen zu. Proteste und soziale Bewegungen sollten ihm als Indikator für den Bedarf eines systemischen Wandels dienen. Für die Innovator:innen gilt in jedem Fall, dass es ein langfristiges Engagement braucht, um systemischen Wandel positiv zu beeinflussen (vgl. Bethmann 2020).

> Mutmachende Beispiele für den Beitrag von sozialen Innovationen zu positiven Systemveränderungen finden sich in einer Studie von Ashoka und der Unternehmensberatung McKinsey (2019). Vier Fallbeispielen wird durch die Studie jeweils ein millionenschweres Potenzial an Wertschöpfung attestiert, wenn diese noch mehr verbreitet werden:
>
> 1. *Apeiros*, ein Sozialunternehmen, das hilft, Schulverweiger:innen früh zu erkennen und Schulen und Jugendämter dabei unterstützt, sie in die Schule zurückzuführen.
> 2. *Serlo Education*, das Schüler:innen und Studierenden durch eine digitale Lernplattform ermöglicht, selbstständig und in ihrem eigenen Tempo zu lernen.
> 3. *Irrsinnig Menschlich* schafft präventiv Bewusstsein für seelische Gesundheit und psychische Erkrankungen in Schule, Studium und Ausbildung.

4. *Discovering Hands* bildet blinde Frauen zu medizinischen Tastuntersucherinnen aus, die mit ihrem Tastsinn die Brustkrebsfrüherkennung verbessern. (vgl. Ashoka Deutschland und McKinsey & Company 2019).

Reflexionsfragen:

1. Welche Gründungsphasen können nach den verschiedenen Ansätzen unterschieden werden?
2. Wozu eignen sich die vorgestellten Modelle?
3. Wie können Geschäftsmodelle für soziale Innovationen aussehen?
4. Wie können soziale Innovationen skaliert werden?
5. Welche Bedeutung hat systemischer Wandel für soziale Innovationen?

Nach der Schilderung einzelner Phasen der Umsetzung von Social-Entrepreneurship-Projekten von der Problemerkennung über eine Gründung bis hin zum systemischen Wandel erfolgt im nächsten Kapitel die Betrachtung der eigentlichen Zielorientierung von Social Entrepreneurs: des Erzielens einer gesellschaftlichen Wirkung.

3. Wirkung und Wirkungsmessung

Wirkung bzw. **Impact** kann im Rahmen der Betrachtung von Social Entrepreneurship grundsätzlich als positives oder auch als negatives Ergebnis sozialunternehmerischer Tätigkeit verstanden werden (vgl. Repp 2013: 22). Da Social Entrepreneurs mit ihren Aktivitäten Gutes für die Gesellschaft bewirken wollen, ist das Ziel von Social-Entrepreneurship-Organisationen natürlich ein möglichst hoher positiver Impact.

Der Begriff der Wirkung als Ergebnis einer Handlung oder einer Ursache ist im allgemeinen Sprachgebrauch sehr facettenreich. Die erreichte Wirkung ist der Zielzustand. Dabei kommen die Begriffe Effektivität und Effizienz ins Spiel (vgl. Burmester 2020: 38). Effektivität orientiert sich dabei am Grad der Zielerreichung. Beispielsweise mit einer Nagelfeile einen Eisenstab durchzusägen ist durchaus zielorientiert (also effektiv), aber nicht effizient. Eine elektrische Metallsäge trennt eine Eisenstange wesentlich schneller durch als eine Nagelfeile und ist daher effizienter. Effizienz geht demnach der Frage nach, wie sich das Verhältnis zwischen Aufwand und Ertrag, bzw. zwischen Input und Output bemisst.

In Bezug auf Social Entrepreneurship bedeutet Wirkung in der Regel positive Effekte bei der Zielgruppe bzw. Klientel und der Gesellschaft insgesamt. Als ethische Fundierung für das Gute dienen dabei etablierte Normen, die als Ausdruck kollektiver Bedürfnisse gelten können. Dies sind beispielsweise Grundrechte in Verfassungen oder Konventionen zum Schutz der Menschenrechte. Darüber hinaus werden die 2016 initiierten 17 Ziele für nachhaltige Entwicklung der Vereinten Nationen oft als normativer Bezugspunkt für Wirkungsorientierung genannt. (vgl. Grünhaus/Rauscher 2021: 11ff.)

Wer braucht Wirkungsmessung?

Neben der positiven Wirkung eines Social-Entrepreneurship-Projekts an sich, möchten diejenigen, die es fördern oder finanzieren, einen Nachweis über den Nutzen der entsprechenden Initiativen haben. (vgl. Kurz/Kubek 2021: 1). Ministerien, Stiftungen, Privatpersonen oder Sozialinvestoren benötigen handhabbare und kommunizierbare Indikatoren, mit denen sie ihr Engagement belegen können. Nicht zu vergessen sind Mitarbeitende, Ehrenamtliche und die Gründer:innen selbst, die an Kennzahlen zum Nachweis der positiven Wirkung ihres Tuns interessiert sind. (vgl. Müller/Lurtz/Rüede/Kopf/Russo 2013: 60ff.)

Unter Umständen werden Wirkungsanalysen auch aufgrund von gesetzlichen Vorgaben, wie z. B. im Bundesteilhabegesetz (BTHG), eingefordert (vgl. Burmester 2020: 37). Auch die Europäische Union ist an der Messung von sozialer Wirkung interessiert, um die finanzielle Vergabe in Fonds für soziales Unternehmertum oder EU-Programme für Beschäftigung und soziale Innovation zu steuern und Investitionsentscheidungen vergleichbar und nachvollziehbar zu machen (vgl. Europäische Kommission 2015b: 5).

Schon bei der Vergabe von Fördermitteln verlangen öffentliche Geldgeber immer öfter einen Nachweis über die geplante Wirkung eines Social-Entrepreneurship-

Vorhabens. Ebenso verhält es sich bei sogenannten *Social Impact Bonds* (Siehe Kapitel 5 zu Finanzierung) mit einer ergebnisorientierten Bezahlungslogik als Finanzierungsquelle für Social Enterprises. Die Folge ist ein stark wachsendes Interesse an Wirkungsmessung bzw. dem synonym gebrauchten *Social Impact Measurement*. (vgl. Grünhaus/Rauscher 2021: 3)

Auch für die Social-Entrepreneurship-Organisationen selbst lohnt sich Wirkungsmessung, da sie für verschiedene Anforderungen nutzbar ist:

- Steuerung der strategischen Entscheidungen zur innovativen Problemlösung;
- Überzeugung von potenziellen Partner:innen für Kooperationen zur Verbreitung von Problemlösungen;
- Gewinnung von Finanzierungen;
- Befriedigung der Stakeholder und deren legitimer Wirkungsinteressen;
- Rechenschaft gegenüber der Öffentlichkeit;
- Nachweis der eigenen Leistungsfähigkeit von Innovationsansätzen für die fachwissenschaftliche Debatte und den (sozial-) politischen Reformdiskurs;
- Bereitstellung einer Datengrundlage für evidenzbasierte politische bzw. administrative Entscheidungen. (vgl. Kehl/Then/Rauscher/Schober 2018: 279)

Wirkungsmessung hat somit viele Adressaten, sowohl in vielfältiger Weise außerhalb, aber auch innerhalb der Social-Entrepreneurship-Organisation.

Warum braucht es Wirkungsmessung?

Doch warum wird im Bereich Social Entrepreneurship im Unterschied zu rein gewinnorientierten Unternehmen überhaupt die Messung einer Wirkung benötigt? Erwerbswirtschaftliche Unternehmen messen ihren Erfolg letzten Endes am Gewinn bzw. an der Mehrung des Unternehmenswerts im Sinne des Shareholder Value. Die verkauften Produkte oder Dienstleistungen dienen ebendieser Kapitalmehrung. Innovationen in diesem Kontext ebenso. Social-Entrepreneurship-Organisationen hingegen haben eine vielfältigere Zielorientierung, deren Erreichung meist nicht direkt messbar und bewertbar ist. Erfolg bedeutet hier die Erfüllung einer Mission, festgelegt im Satzungszweck, oft in Form der Bereitstellung öffentlicher oder meritorischer Güter. Innovation bedeutet in diesem Kontext eine Lösung des gesellschaftlichen Problems, die wirksamer ist als bereits bestehende Ansätze. Die Messung des finanziellen Erfolgs im Sinne einer Kapitalmehrung ist hier sekundär, da die erbrachten Leistungen oder Produkte nicht nur verkauft werden sollen, sondern Wirkung entfalten sollen. (vgl. Kehl/Then/Rauscher/Schober 2018: 275f.)

Wirkungsmessung dient hier der Vergleichbarkeit der Effektivität, um einzelne Social-Entrepreneurship-Initiativen zielgerichtet fördern zu können.

Wirkungsmessung: Wie wird was gemessen?

Um Investor:innen für ein neues oder bestehendes Social-Entrepreneurship-Vorhaben zu gewinnen, braucht es in der Regel eine Berichterstattung über die (anzunehmende) Wirkung dieses Vorhabens. Ansätze und Tools, um Social Impact greifbar zu machen und zu messen, gibt es mittlerweile viele. Die Datenbank „Measure results" der Nonprofit-Organisation Candid listet über 160 Möglichkeiten auf, die Wirkung einer Maßnahme zu analysieren (vgl. Candid 2022). In Mildenberger et al. (2012) findet sich eine aufschlussreiche Typologisierung der verschiedenen Ansätze von Wirkungsanalysen, die zum einen die Organisation an sich und deren Kompetenzen und Prozesse im Vordergrund haben, zum anderen Tools, die die Stakeholder in den Fokus nehmen. Dazu kommen Verfahren, die die Nachhaltigkeit in den Blick nehmen, bzw. Ansätze, die die soziale Wirkung zu messen versuchen. (vgl. Mildenberger/Münscher/Schmitz 2012: 283ff.)

Eine gute Übersicht über elf gängige Methoden der Wirkungsmessung und -analyse liefern Grünhaus/Rauscher (2021), indem sie diese kurz beschreiben und Art, Ausmaß und Inhalt der Methoden gegenüberstellen (vgl. Grünhaus/Rauscher 2021: 67ff.).

Wirkung zu analysieren hat eine lange Tradition, ausgehend von der Evaluationsforschung (vgl. Grünhaus/Rauscher 2021: 63). Bereits seit den 1970er-Jahren werden sogenannte Wirkungslogiken bei Projektplanungen und Evaluationen genutzt. Als Wirkungslogik wird der systematische Beziehungszusammenhang zwischen dem Input, d. h. den investierten Ressourcen, und den Leistungen, die aus dem Projekt hervorgehen, mit den Wirkungszielen hergestellt. Vereinfacht gesagt, wird die Funktionsweise eines Projekts dargestellt. Programmlogik, Theory of Change, Wirkungsketten oder Logische Modelle sind Varianten bzw. Synonyme in der Literatur. (vgl. Kurz/Kubek 2021: 33f.) Im Folgenden wird eine solch grundlegende Logik beschrieben.

Die IOOI-Methode

Ein weit verbreiteter Ansatz als Wirkungslogik ist die sog. IOOI-Methode, die ein klassisches „Input – unternehmerische Transformation – ergibt Output"-Denken in Hinblick auf die Wirkung, sprich den Output differenziert. Als Input gelten Ressourcen wie Geld, Arbeitszeit oder Sachmittel, die eine Organisation in ein gesellschaftlich relevantes Projekt oder Maßnahme investiert. Die daraus unmittelbar resultierenden Leistungen, wie z. B. angebotene Beratungsstunden oder fair hergestellte Produkte, werden als Output bezeichnet. Die daraus erst entstehende Wirkung in Bezug auf die Zielgruppe gilt als Outcome, bspw. positiv verändertes Verhalten der Zielgruppe oder dauerhafter Konsum von fair produzierten Artikeln. Darüberhinausgehende, längerfristige Wirkungen, die die Gesellschaft verändern, z. B. grundlegend verändertes soziales oder ökonomisches Wirtschaften, werden als Impact bezeichnet. (vgl. Bertelsmann Stiftung 2010: 20; Kurz/Kubek 2021: 35; Grünhaus/Rauscher 2021: 6)

Die Abkürzung IOOI steht also für Input, Output, Outcome und Impact. Sowohl im Ansatz der Wirkungstreppe der Phineo gAG als auch in der Wirkungskette der Wirtschaftsuniversität Wien ist die zugrundeliegende Wirkungslogik des IOOI-Ansatzes erkennbar. Beide Herangehensweisen zur Wirkungsanalyse und -messung werden in diesem Kapitel noch ausführlich betrachtet.

Social Impact Measurement

Social Impact Measurement (Messung der sozialen Wirkung) bzw. der synonym verwendete Begriff *Social Impact Assessment* (Bewertung sozialer Wirkung) ist der Ansatz, die gesellschaftliche Wirkung von Social Entrepreneurs zu erheben und zu messen. Während im wirtschaftlichen Kontext monetäre Größen im Fokus stehen, wird hier versucht, abstrakte Werte, im Sinne einer sozialen Wertschöpfung darstellbar, sichtbar und bewertbar zu machen. (vgl. Repp 2013: 26)

Demnach besteht die Herausforderung darin, geeignete Indikatoren zu finden, die die Wirkung einer sozialen Innovation aufzeigen. Insbesondere ist hier zu berücksichtigen, dass die Wirkung sich auch wirklich auf die Initiative der Organisation zurückführen lässt und die Wirkung regelmäßig und zuverlässig gemessen werden kann. Dies muss von der Social-Entrepreneurship-Organisation oder einer entsprechend beauftragten Organisation leistbar sein. Zusätzlich zu der Entscheidung, welche Daten im Hinblick auf die Wirkungsmessung erhoben werden müssen, stellt sich noch die Frage, welche Daten die verschiedenen Stakeholder, wie Ministerien, Stiftungen, Investor:innen, benötigen, da diese wiederum selbst ihrem Netzwerk gegenüber rechenschaftspflichtig sind. Schließlich ist noch herauszufinden, welche Kennzahlen zur Steuerung der Social-Entrepreneurship-Organisation eingesetzt werden können, um die Wirkung im Sinne eines permanenten Lernens weiter zu verbessern. (vgl. Müller/Lurtz/Rüede/Kopf/Russo 2013: 60ff.)

Auf der Ebene der **Zielgruppen** ist eine Messung der Wirkung in Form von Daten wie Neukundenzugängen, Seminarteilnehmer:innen, Vermittlung von Ausbildungsplätzen oder Zufriedenheitsmessungen nach Workshops noch relativ leicht möglich. Zudem handelt es sich um kurzfristige Effekte. Längerfristige Auswirkungen, wie Einstellungs- oder Verhaltensänderungen, z. B. die Haltung und der Umgang gegenüber Menschen mit psychischen Problemen oder das Ernährungsverhalten, sind nur schwierig zu erfassen und noch schwieriger zu quantifizieren. Mittels Beobachtungen und Befragungen wird hier versucht, die Effekte messbar zu machen. (vgl. Müller/Lurtz/Rüede/Kopf/Russo 2013: 61)

Wirkungsstudien, oft unter Zuhilfenahme von wissenschaftlichen Institutionen und finanziert von Stiftungen, dienen der Untersuchung von langfristigen Wirkungen. Dabei wird auf eine genügend große Fallzahl, eine Kontrollgruppe und verschiedene Messzeitpunkte geachtet, um z. B. die Stabilität einer Veränderung im Verhalten der Zielgruppe im Zeitablauf zu beobachten. (vgl. Müller/Lurtz/Rüede/Kopf/Russo 2013: 62)

Eine Messung der Wirkung auf **gesellschaftlicher Ebene** wird näherungsweise anhand von Indikatoren wie Medienresonanz, Anfragen von Behörden, Institutionen oder Talkshows eingeschätzt. Hintergrund ist dafür zum einen die schwierige Messung von „gesellschaftlichem Umdenken", z. B. in Bezug auf nachhaltige Energiegewinnung, da dafür aufwändige repräsentative Umfragen notwendig wären. Zum anderen sind gesellschaftliche Veränderungen nicht auf die Initiative einer einzigen Organisation zurückzuführen, sondern basieren auf dem Zusammenwirken verschiedenster Akteure. Dazu kommen, um beim Beispiel nachhaltiger Energiegewinnung zu bleiben, noch Ereignisse, wie das Unglück in Fukushima, die das gesellschaftliche Interesse mitprägen. (vgl. Müller/Lurtz/Rüede/Kopf/Russo 2013: 62)

Die Wirkungsmessung und -analyse ist im Social-Entrepreneurship-Bereich besonders relevant, da eine fehlende oder gar negative Wirksamkeit hier nicht unbedingt dazu führen muss, dass ein soziales Unternehmen eingestellt wird. Während ein kommerzielles Unternehmen aus dem Markt ausscheiden würde, wenn die Kund:innen keinen Nutzen in seinen Dienstleistungen und Produkten erkennen, ist das für ein Social Enterprise nicht unbedingt zutreffend. Wenn es bspw. vorwiegend über Spendengelder finanziert ist, kann ein sozialunternehmerisches Vorhaben auch dann langfristig aufrecht erhalten werden, wenn es die gewünschte Wirkung nicht erreicht (vgl. Fueglistaller/Fust/Müller/Müller/Zellweger 2019: 406).

Unterschiedliche Ansätze der Wirkungsanalyse/-messung:

In der Literatur und in der Social-Entrepreneurship-Szene scheinen besonders zwei Modelle zur Wirkungsmessung relevant:

1. Die **Wirkungslogik** bzw. **Wirkungstreppe** (Kurz/Kubek 2021), die von der PHINEO gAG in Kooperation mit der Bertelsmann-Stiftung und Skala-Campus erarbeitet wurde und anhand derer zur abschließenden Wirkungsberichterstattung ein Social Reporting Standard (**SRS**) erstellt werden kann (vgl. Kurz/Kubek 2021: 113).
2. Die **Wirkungskette** (Grünhaus/Rauscher 2021), erarbeitet vom Kompetenzzentrum für Nonprofit-Organisationen und Social Entrepreneurship an der Wirtschaftsuniversität Wien als Ausgangspunkt für ein stakeholderbasiertes Wirkungsmodell, anhand derer eine Social-Return-on-Investment-(**SROI**)-Analyse erstellt werden kann (vgl. Grünhaus/Rauscher 2021: 65).

Da viele Geldgeber Berichte dieser Art (SRS oder SROI) einfordern, wird auf diese im Folgenden näher eingegangen.

Wirkungstreppe & SRS

Die Wirkungstreppe nach Kurz/Kubek (2021) ist eine Wirkungslogik, die Social Entrepreneurs auf verschiedenen Ebenen helfen soll. Einerseits kann sie genutzt werden, um Wirkungsannahmen zu überprüfen und Wirkungsziele auszuarbeiten sowie den Weg dorthin durch gutes Projektmanagement zu planen. Andererseits, und darauf soll im Folgenden der Schwerpunkt liegen, hilft diese Wirkungslogik, die passenden Indikatoren für eine Wirkungsanalyse zu finden, aus den Ergebnissen dieser Analyse zu lernen sowie die Wirkung des Projekts, z. B. gegenüber Stakeholdern und Förderern, zu kommunizieren (vgl. Kurz/Kubek 2021: 34).

3. Wirkung und Wirkungsmessung

Die Wirkungstreppe

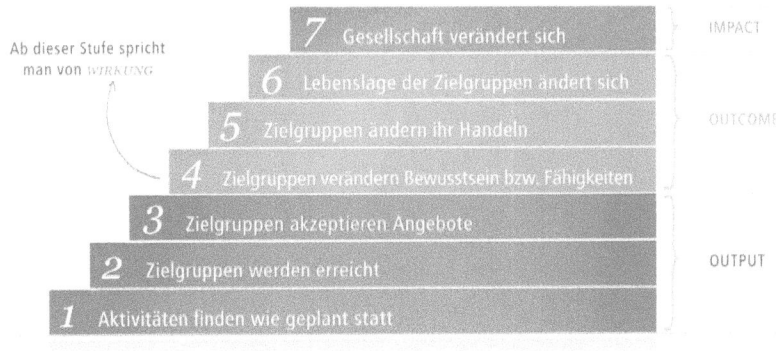

Abbildung 11: Wirkungstreppe. Quelle: Kurz/Kubek 2021: 5.

Das sprichwörtliche Fundament der Wirkungstreppe, welches in der Abbildung nicht zu sehen ist, bilden die sogenannten **Inputs**. Sie umfassen die Ressourcen, die zur Umsetzung eines Projekts investiert werden, wie Arbeitsstunden der Mitarbeitenden, Räumlichkeiten, Ausstattung und Gelder.

Mithilfe dieser Inputs werden **Outputs** geschaffen. Diese beinhalten sämtliche Leistungen (also Angebote und Produkte) eines Projekts sowie deren Nutzung durch die Zielgruppe. In der Wirkungstreppe werden die Outputs in drei Stufen erfasst:

1. Leistungen werden zur Verfügung gestellt. (Zählbare Aktivitäten und Produkte)
2. Leistungen werden in Anspruch genommen. (Zählbare Teilnehmerzahlen oder erhaltene Produkte)
3. Die Zielgruppe ist zufrieden mit den Leistungen.

Die Outputs der ersten beiden Stufen lassen sich den Inputs noch direkt gegenüberstellen. Es können z. B. die Stückkosten für ein Produkt oder die Kosten pro Teilnehmer:in an einer Aktivität berechnet werden. Somit lassen sich Aussagen über die Effizienz eines Projekts treffen. Ab Stufe drei ist diese Gegenüberstellung nicht mehr gegeben. Dennoch ist die Zufriedenheit der Zielgruppe elementar für die Akzeptanz der Leistungen. Ist diese Akzeptanz nicht gegeben, kann trotz Inanspruchnahme der Leistungen keine Wirkung erzielt werden.

Aus diesem Grund wird erst ab der vierten Stufe der Wirkungstreppe von **Wirkung** gesprochen. Kurz und Kubek unterscheiden hierbei nochmals zwischen **Outcomes**, Wirkungen auf der Ebene der Zielgruppen, und **Impact**, Wirkungen auf gesellschaftlicher Ebene. In der Wirkungstreppe werden die Outcomes ebenfalls auf drei Stufen erfasst:

4. Die erreichten Personen verfügen über neues Wissen, neue oder gefestigte Fertigkeiten und/oder eine veränderte Einstellung.
5. Die erreichten Personen verändern auf dieser Grundlage ihr Verhalten und/oder Handeln.
6. Das veränderte Verhalten führt zu einer veränderten Lebenssituation.

Sowohl Output als auch Outcome bestehen jeweils aus mehreren aufeinander aufbauenden Stufen, die sich immer auf die Auswirkungen der Leistungen auf die Zielgruppe beziehen. Die **Impacts** hingegen bilden die oberste Stufe der Wirkungstreppe und beziehen sich nicht zwangsläufig auf die Zielgruppe der Leistungen:

7. Die Gesamtsituation in einem oder mehreren gesellschaftlichen Bereich(en) verändert sich.

Der Einfluss eines Projekts auf Impacts ist indirekt, meist zeitverzögert und nur sehr schwer nachvollziehbar. Eine direkte Gegenüberstellung von Inputs und Impacts, wie auf den ersten Stufen der Wirkungstreppe, ist nicht mehr möglich.

> Kurz und Kubek verwenden zur Veranschaulichung ein fiktives Beispielprojekt, bei dem ehrenamtliche Pat:innen die Betreuung von Schüler:innen an zwei Schulen in einem Stadtteil übernehmen, in dem Jugendliche deutlich seltener einen Ausbildungsplatz erhalten als in anderen Stadtteilen. Zu den Leistungen zählen u. a. Nachhilfestunden und Bewerbungstrainings. (vgl. Kurz/Kubek 2021: 9)

Social Reporting Standard (SRS)

Um die so analysierte Wirkung eines Social-Entrepreneurship-Projekts greifbar zu machen, kann unter www.social-reporting-standard.de eine Mustervorlage zur Erstellung eines Social Reporting Standards (SRS) heruntergeladen werden. Damit lässt sich ein Bericht erstellen, der alle relevanten Projektdaten, Finanzkennzahlen und Wirkungsbelege umfasst. Der SRS basiert ebenfalls auf der eingangs dargestellten IOOI-Logik und bietet einen einheitlichen Sprach- und Systematik-Rahmen für eine ergebnis- und wirkungsorientierte Berichterstattung sozialer Organisationen. Hierfür ist der SRS in die Teile A, B und C gegliedert.

- In Teil A wird ein Überblick über die Vision und die Angebote für die Zielgruppen gegeben;
- In Teil B erfolgt eine detaillierte Darstellung des Angebots der Organisation, welche als Kernstück des Berichts gilt;
- In Teil C wird die Organisation dargestellt. (vgl. Social Reporting Initiative e.V. 2014: 3)

Wirkungsketten & SROI-Analyse

Im Sprachgebrauch von Praktiker:innen wird **Impact** meist ausschließlich als positiver Wert betrachtet. **Social Impact** steht dabei am Ende einer logischen Wirkungskette in Form von Wirkungen, die grundlegende gesellschaftliche Problemlagen signifikant und langfristig positiv verändern. Vorausgehend sind dabei sogenannten **Outputs** der Tätigkeiten mit daraus folgenden **Outcomes** und dem sich darauf aufbauend ergebenden **Impact**. Von diesen von Seiten eines Social-Entrepreneurship-Unternehmens erzeugten Impulsen muss der sog. **Dead Weight** abgezogen werden. Dieser Begriff bezeichnet die Wirkungen, die auch ohne die Initiative eines Social Entrepreneurships eingetreten wären. (vgl. Repp 2013: 23)

Diese Wirkungskette, wie in der anschließenden Abbildung dargestellt, bildet die Grundlage des Wirkungsmodells von Grünhaus und Rauscher (2021), das im Folgenden vorgestellt wird. Das Wirkungsmodell stellt ein Pendant zum Geschäftsmodell eines kommerziellen Unternehmens dar, bei dem allerdings nicht die Kapitalrendite (**Return on Investment, ROI**), sondern die soziale Rendite (**Social Return on Investment, SROI**) einer unternehmerischen Tätigkeit gemessen wird.

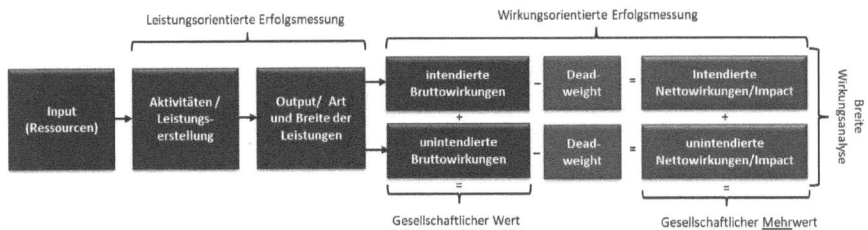

Abbildung 12: Einfache Wirkungskette. Quelle: Grünhaus/Rauscher 2021: 6.

Eine Wirkungskette, als grundlegendes Instrument der Wirkungsbetrachtung und basierend auf einer Wirkungslogik, bringt den Input, die Aktivitäten und Wirkungen in eine entsprechende Reihenfolge. Wie in einer Kettenreaktion wird dargestellt, mit welchem Input, d. h. Ressourcenaufwand, eine Organisation ihre Aktivitäten und Leistungen in Gang setzt, die entsprechende Wirkungen zur Folge haben. Idealerweise wird eine Wirkungskette pro Stakeholdergruppe erstellt. Aus der Summe dieser Wirkungsketten ergibt sich das Wirkungsmodell der Organisation (vgl. Rauscher/Schober September 2015: 71).

Ebenso wie bei der zuvor erläuterten Wirkungstreppe von Kurz und Kubek (2021) ist auch bei Grünhaus und Rauscher (2021) der **Input** der Ausgangspunkt für alle weiteren Bausteine der Wirkungskette. Mithilfe des Inputs, also der investierten Ressourcen, wie Kapital oder Arbeitsstunden, werden Aktivitäten umgesetzt, um Leistungen zu erstellen. Beide dienen hierbei dem Erreichen der gewünschten Wirkung. Demnach ist auch hier ein klarer Unterschied zwischen Leistung und Wirkung gegeben, da eine Leistung an sich noch keinen Selbstzweck darstellt.

Leistungen sind Produkte und Dienstleistungen, die sich als **Output** gut messen und steuern lassen. Häufig gemessene Leistungskennzahlen sind erbrachte Beratungsstunden oder Teilnehmerzahlen bei Veranstaltungen. Da Leistungen leichter zu messen sind als Wirkungen, handelt es sich bei den Jahresberichten vieler Nonprofit-Organisationen um reine Leistungsberichte. Das ist insofern problematisch, da Leistungen lediglich zur Erreichung einer Wirkung, also einer positiven Veränderung für Begünstigte/Betroffene oder die Umwelt, dienen. Indem nur die Leistung gemessen wird, bleibt aber unklar, ob die erwünschte Wirkung überhaupt erzielt wird.

Einen großen Unterschied zur vorangegangen Wirkungstreppe von Kurz/Kubek (2021) bildet bei der Wirkungskette von Grünhaus/Rauscher (2021) die Unterscheidung in intendierte und unintendierte Wirkung. Demnach können Leistungen nicht nur geplante Wirkungen erzielen, sondern auch Nebeneffekte (unintendierte Wirkungen) mit sich bringen. Während intendierte Wirkungen in der Regel positiv sind, können unintendierte Wirkungen auch negativ sein. Um also eine umfassende Wirkungsanalyse zu gewährleisten, sollten sie keinesfalls außer Acht gelassen werden. Gemeinsam bilden diese intendierten und unintendierten Bruttowirkungen den gesellschaftlichen Wert einer Unternehmung.

Daneben gibt es Wirkungen, die auch ohne die Aktivitäten eines Unternehmens eingetreten wären, den sogenannten Dead Weight. Um herauszufinden, welche Wirkungen ein konkretes Projekt generiert hat, muss dieser Dead Weight von den Bruttowirkungen abgezogen werden. Als Ergebnis erhält man die intendierten und unintendierten Nettowirkungen, die gemeinsam den gesellschaftlichen Mehrwert, also den zusätzlich geschaffenen Wert, darstellen.

Um die einzelnen Bausteine einer oder mehrerer Wirkungsketten mit Inhalten zu füllen und somit eine SROI-Analyse zu erstellen, braucht es eine Wirkungsanalyse, die im Modell von Grünhaus/Rauscher (2021) aus 7 Schritten besteht, welche aber nicht in jedem Fall alle durchlaufen werden müssen.

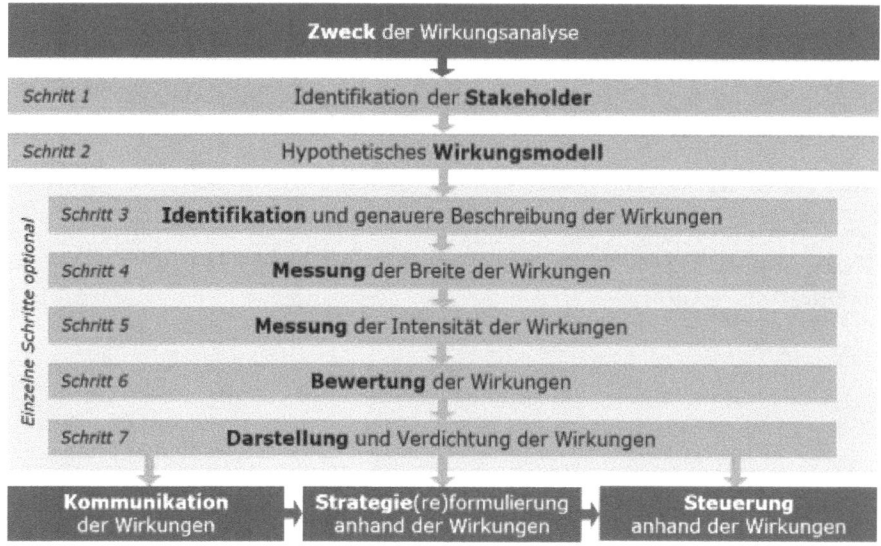

Abbildung 13: Schritte einer Wirkungsanalyse eingebettet im Rahmen wichtiger Zwecke. Quelle: Grünhaus/Rauscher 2021: 18.

Vor der Erstellung einer Wirkungsanalyse sollte ihr Zweck geklärt werden. In der Regel soll die Wirkungsanalyse der Kommunikation gegenüber Stakeholdern dienen. Sie kann aber auch dazu genutzt werden, die eigene Strategie auf den Prüfstand zu stellen und das weitere Vorgehen anhand der erzielten Wirkungen zu steuern.

Die weiteren Schritte dienen der empirischen Erhebung und sind je nach Projekt, gewähltem Wirkungsmodell und Ziel der Wirkungsanalyse optional. Um eine Wirkungsanalyse zu erstellen, müssen auf jeden Fall die Stakeholder identifiziert (Schritt 1) und ein hypothetisches Wirkungsmodell – in diesem Fall Wirkungsketten – erstellt werden (Schritt 2). Dazu werden vermutete Wirkungen für die einzelnen Glieder der Wirkungskette gesammelt und festgehalten.

> Grünhaus und Rauscher (2021) verdeutlichen dies am Beispiel eines Projekts zur Reintegration von Langzeitarbeitslosen in den Arbeitsmarkt. Als eine hypothetische Wirkung wird eine bessere psychische Gesundheit festgehalten.

In Schritt 3 wird nun überprüft, ob diese Wirkung tatsächlich erzielt wird. Dafür können bereits bestehende Studien herangezogen oder eigene Erhebungen, z. B. durch Beobachtung oder Befragung, durchgeführt werden.

Anschließend werden die Wirkungen in ihrer Breite (Wie viele Betroffene spüren eine Wirkung?) und in ihrer Intensität (Wie stark ist die Wirkung auf Betroffene?) vermessen. Auch diese Ergebnisse sollten empirisch untermauert werden.

Wenn Breite und Intensität der Wirkungen bekannt sind, können die Wirkungen bewertet werden. Es wird beurteilt, wie relevant die Wirkungen für die Stakeholder und die Gesellschaft sind. Dafür können verschiedene Werte herangezogen werden, wie die Anzahl derer, die von der Wirkung profitieren, oder die Höhe der Kostenersparnis für das Individuum oder die Gesellschaft.

> Im Beispiel der Wirkung „verbesserte Gesundheit" können hier bspw. geringere Arztkosten berechnet werden.

Wirkungen, die nicht in Geldeinheiten messbar sind, können in der SROI-Analyse monetarisiert werden.

> Beispiel: Wirkungsmessung anhand verbesserter Gesundheit
>
>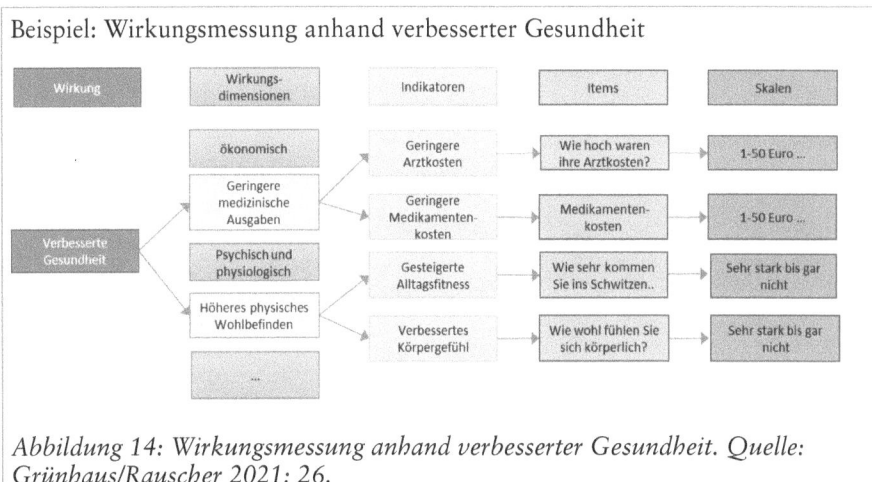
>
> *Abbildung 14: Wirkungsmessung anhand verbesserter Gesundheit. Quelle: Grünhaus/Rauscher 2021: 26.*

Um die analysierten Wirkungen kommunizieren zu können, ist zuletzt eine verdichtete Darstellung der Wirkungsanalyse notwendig. Dies geschieht im Rahmen der SROI-Analyse, die im Folgenden näher betrachtet wird.

Die bereits 1996 in San Francisco entwickelte Methode wurde dort für die Berechnung des gesellschaftlichen Nutzens von Maßnahmen zur Wiedereingliederung Erwerbsloser in den Arbeitsmarkt eingesetzt und seitdem beständig weiterentwickelt (vgl. Kehl/Then/Münscher 2012: 314).

Die SROI-Analyse ist derzeit der umfassendste Ansatz der Wirkungsanalyse und möchte alle vorangegangenen Wirkungsdimensionen berücksichtigen. Ihr Ergebnis ist eine positive oder negative Kennzahl, anhand derer eine Gesamtbewertung eines Projekts oder einer Organisation ermöglicht werden soll. Dafür werden die Wirkungen aus einzelnen Wirkungsketten gemessen und nach Möglichkeit monetarisiert, um so die Wirkungen und das investierte Kapital zu deren Erreichung gegenüberzustellen.

3. Wirkung und Wirkungsmessung

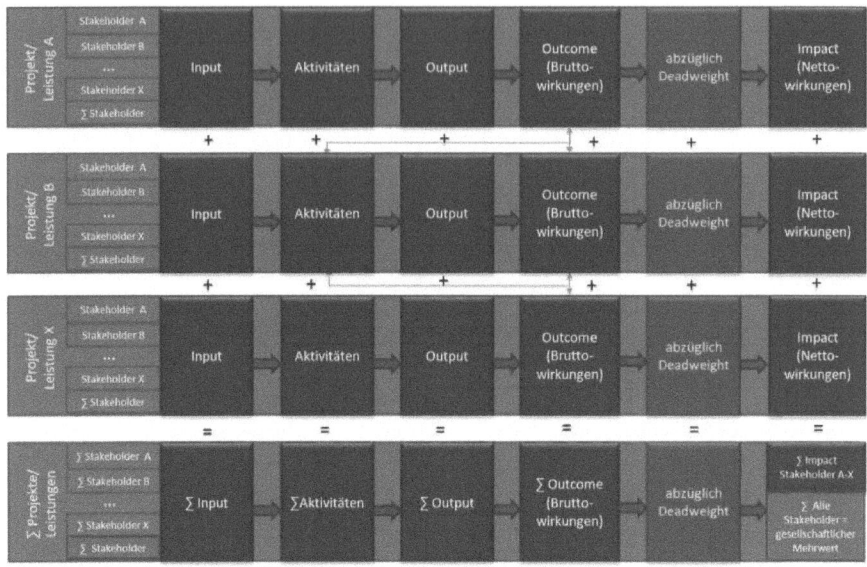

Abbildung 15: Einfaches Wirkungsmodell inklusive Stakeholderdifferenzierung. Quelle: Grünhaus/Rauscher 2021: 21.

Die SROI-Analyse besteht auf dem Grundsatz, dass eine bestimmte Summe Geld in eine Organisation fließt und dort in Leistungen für Stakeholder investiert wird. Diesen Leistungen folgen Wirkungen, welche in der SROI-Analyse zuerst identifiziert werden, indem für jedes Projekt der Organisation eine Wirkungskette erstellt wird. Pro Wirkungskette werden alle vom konkreten Projekt betroffenen Stakeholder einbezogen. Anschließend werden die Wirkungen aus allen Wirkungsketten quantifiziert, also in messbare Größen und Zahlenwerte, wie z. B. Zufriedenheitsskalen oder Geldwerte, umformuliert. Davon ist der Dead Weight abzuziehen, um die Nettowirkungen pro Stakeholder zu erfassen.

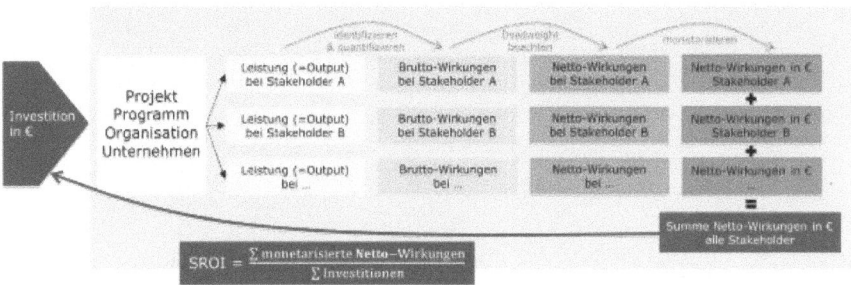

Abbildung 16: SROI-Analyse im Überblick. Quelle: Grünhaus/Rauscher 2021: 65.

Anschließend werden die Nettowirkungen monetarisiert, also alle Zahlenwerte in Geldeinheiten umformuliert. In Summe können diese monetarisierten Nettowirkungen durch das investierte Geld geteilt werden, um den SROI-Wert zu erhalten. Dieser stellt die gesellschaftliche Rendite des investierten Kapitals dar. Die Zahl wird größer, je höher die Wirkungen und je niedriger die Investitionen sind. Der SROI stellt nach einer umfassenden Analyse eine hochaggregierte Kennzahl dar, die eine Gesamtbewertung des Unternehmens, der Organisation oder des Projekts erlaubt. (vgl. Grünhaus/Rauscher 2021: 65)

Ein SROI-Wert von 1:2 bedeutet eine gesellschaftliche Rendite von 200 Prozent, d. h. ein investierter Euro erzeugt einen Gegenwert in Höhe von zwei Euro (vgl. Schober/Then 2015: 1). Der SROI drückt somit idealerweise in Geldwerten aus, wie viel sozialer Ertrag im Vergleich zur sozialen Investition an die Gesellschaft zurückfließt (vgl. Mildenberger/Münscher/Schmitz 2012: 295).

Kritik an den Modellen zur Wirkungsmessung

Nach der Betrachtung der beiden Ansätze Wirkungstreppe/SRS und Wirkungskette/SROI sei noch ein Blick auf die gegenseitige Einschätzung der beiden Autor:innengruppen gerichtet: Kurz und Kubek als Autorinnen der Phineo gAG betrachten den Social Return on Investment als in den letzten Jahren kritisch diskutierten Ansatz, indem sie die SROI-Analysen als sehr aufwändiges Verfahren bezeichnen, dessen Aussagewert angesichts der Komplexität gesellschaftlicher Zusammenhänge völlig offen sei. (vgl. Kurz/Kubek 2021: 83)

Das Autor:innen-Team Grünhaus und Rauscher als Vertreter des SROI-Ansatzes ordnet das Kursbuch Wirkung von Phineo und den SRS hingegen einer breiten Vielfalt an Ansätzen im Zusammenhang mit Social Entrepreneurship unter, die „zumindest teilweise den Anspruch erheben, Wirkungen zu erheben und zu analysieren" (vgl. Grünhaus/Rauscher 2021: 64). Der SRS wird als Rahmen zur Berichterstattung beschrieben, der keine Inhalte oder Indikatoren vorgibt. Die konkrete inhaltliche Ausgestaltung der Berichtskapitel wird den anwendenden Social-Entrepreneurship-Organisationen überlassen (vgl. Grünhaus/Rauscher 2021: 69). Es findet sich also auch hier eine tendenziell von Skepsis getragene Einschätzung.

Aus dieser gegenseitigen Bewertung lässt sich eine überblicksartige Einordnung der beiden Ansätze ableiten. Die Wirkungstreppe mit einem anschließenden SRS erscheint für Praktiker:innen eingängiger und leichter umsetzbar, hat aber ihre Begrenzungen in der Konkretheit und Quantifizierung. Hier setzt die Stärke einer Wirkungsanalyse mit der Berechnung des SROI an, die allerdings tiefgehende und damit aufwändige Analysen und Übersetzungen in quantitative bzw. monetäre Einheiten mit entsprechend vielen Annahmen benötigt. Dies wiederum birgt Interpretationsrisiken.

Eine häufige Kritik an der SROI-Analyse ist zudem, dass sie die Gefahr der Ökonomisierung des Sozialen berge, da sie vorgibt, dass alle Wirkungen in monetären Einheiten dargestellt werden. Außerdem mangele es an Standardisierung und damit an Vergleichbarkeit, da die Analyst:innen individuell entscheiden, welche

Wirkungen gemessen und wie sie eingeschätzt werden. So bietet der SROI-Wert zwar eine Kennzahl, die eine Vergleichbarkeit mit anderen Projekten suggeriert, durch die jeweils individuelle Analyse ist diese Vergleichbarkeit aber nicht gegeben (vgl. Grünhaus/Rauscher 2021: 67).

Dies führt über zu einer grundsätzlichen Kritik an der Wirkungsmessung, um deren Grenzen und Einschränkungen darzustellen.

Kritik an der Wirkungsmessung

Einen abstrakten Wert, wie gesellschaftliche Wertschöpfung bzw. Social Value zu messen und zu operationalisieren, so dass idealerweise anhand entsprechender Kennziffern eine Organisation auch gesteuert werden kann, gilt als große Herausforderung und Hürde. Soziale Leistungen lassen sich nicht einfach mit festen Metriken wie Umsatz oder Gewinn erfassen (vgl. Mair/Rathert 2021: 516).

Kommerzielle Unternehmer:innen bewegen sich auf Märkten, die Produkte und Preise zur Orientierung und zur Erfolgsmessung beinhalten. Finden die Produkte keine Käufer:innen, gilt das als Signal, dass das Angebot keinen Nutzen oder Wert für die Kund:innen schafft. Im Unterschied dazu bewegen Social-Entrepreneurship-Organisationen sich auf Feldern, die nicht unbedingt klar definierte Produkte oder Preise und damit funktionierende Märkte beinhalten. Beispielsweise verfügen bestimmte Zielgruppen nicht über genügend Kaufkraft, so dass die Nutzung von Dienstleistungen oder Produkten von Dritten finanziert wird. Eine Preisfindung anhand von Marktmechanismen kann hier schwer stattfinden. Beispielsweise ist der Abbau von Diskriminierung nur schwer in Geld zu bemessen. Ohne Zweifel findet hier eine Wertschöpfung statt, deren Analyse und Quantifizierung anders gelagert sein muss als im kommerziellen Bereich. (vgl. Faltin 2011: 77)

Nach Repp (2013) sind darüber hinaus folgende Kritikpunkte festzustellen: Probleme in der Wirkungsmessung von Social-Entrepreneurship-Organisationen bereiten vor allem methodologische Defizite, wie z. B. der schwierige Nachweis von kausalen Zusammenhängen zwischen der Arbeit des Social Entrepreneurships und dessen Wirkung unter Ausschluss des Deadweights und unter Berücksichtigung komplexer Problemlagen und komplexer Umwelten. Wirkungsmessung von Social Entrepreneurship basiert in der Praxis daher auf nicht immer wissenschaftlich begründeten Annahmen und defizitären Datengrundlagen.

Weiterhin sind Fehlinterpretationen von Messergebnissen in der Form zu berücksichtigen, dass die erhobenen Werte als die reale soziale Wertschöpfung interpretiert werden, aber aufgrund der Komplexität nur als eine Annäherung im Sinne einer ungefähren, messbaren oder gemessenen Wertschöpfung verstanden werden können.

Des Weiteren bedingen die Heterogenität der Social-Entrepreneurship-Organisationen insgesamt, deren Ziele, Erfolgsdefinitionen und die damit verbundenen Maßstäbe sowie die unterschiedlichen Ansätze zur Messung der Wirkung eine nicht vorhandene Vergleichbarkeit der Wirkungsnachweise. Dazu kommt ein nicht unerheblicher Aufwand an finanziellen und personellen Ressourcen für die Wirkungserhebung und -darstellung, der im Widerspruch zu den oft vorherrschenden begrenzten Mitteln an Zeit, Geld und Personal steht.

Die Social Entrepreneurs selbst können ebenfalls ein hemmender Faktor für Wirkungsmessung sein. Zum einen gibt es Vorbehalte oder gar Ablehnung gegenüber einer Quantifizierung oder Ökonomisierung sozialer Tätigkeiten. Zum anderen bereiten die möglichen Auswirkungen der Wirkungsmessung Sorge, denn es könnten Defizite oder negative Wirkungen festgestellt werden. Konkurrenzdruck, Fokussierung auf messbare Wirkungsbereiche und externer Druck im Rahmen von Finanzierungsfragen sind weitere Aspekte.

Darüber hinaus sind bezüglich der Wirkungsmessung die Heterogenität der Zielvorstellungen und der damit verbundenen Erfolgsvorstellungen der Stakeholder und deren unterschiedliche Werte und Interessen zu berücksichtigen. Das führt bspw. dazu, dass externe Stakeholder, wie finanzielle Förderer, sich nicht allein an der Wirkungsmaximierung orientieren, sondern ihre eigenen Ziele anhand ihrer eigenen strategischen Ausrichtung oder kurzfristigen Erfolgen verfolgen. Folglich müssen Social Entrepreneurs eine Vielfalt an Anforderungen erfüllen, da Geldgeber:innen und Förderer aufgrund ihrer Heterogenität auch individuelle Vorstellungen von Wirkungsmessung haben. (vgl. Repp 2013: 40ff.)

Abschließend kommt nach Repp (2013) noch hinzu, dass begriffliche Schlüsselkategorien, wie z. B. Impact, sowohl in der Forschung als auch in der Praxis unklar, unterschiedlich und damit nicht verständlich definiert sind. Eine Vergleichbarkeit und Anwendung werden dadurch erheblich erschwert. (vgl. Repp 2013: 40ff.)

Gössler (2014) benennt vier „Nebenwirkungen" der Wirkungsorientierung:

1. **Titanic-Syndrom:** Ähnlich wie auf dem berühmten Schiff, das aufgrund der fixen und unverrückbaren Zielorientierung, möglichst schnell über den Atlantik nach New York zu kommen, auf Grund gegangen ist, kritisiert Gössler die strikte Zielbefolgung als Teil der Wirkungsorientierung, ohne situative Aspekte zu berücksichtigen. Konkret kritisiert er die Erfassung komplexer Sachverhalte, wie z. B. das Wirkungsziel „glückliche Kindheit", über Indikatoren und Messungen, wie z. B. die Interpretation thematischer Bilder. Die Fokussierung auf einzelne Ziele habe zudem zur Folge, dass andere, vielleicht nicht so leicht erfassbare und dennoch sehr erstrebenswerte Entwicklungen, wie z. B. eine kompetente Beziehungsgestaltung zu Peers, außen vor bleiben.
2. **Bürokratisierung:** Die Wirkungsorientierung bringe ein hohes Maß an Dokumentationspflichten mit sich. Problematisch sei, dass die Erhebung von Daten, das Schulen von Mitarbeitenden, die Beauftragung von Expert:innen und die Durchführung von Evaluationen wertvolle Ressourcen binden.
3. **Erwartungen:** Mit der Wirkungsorientierung gehe die Erwartung an eine Verbesserung der Nachweisbarkeit und der Wertigkeit der geleisteten Arbeit einher. Laut Gössler (2014), sei es aber sehr aufwändig, soziale Phänomene im Zeitablauf mit Ursache-Wirkungszusammenhängen zu erfassen. Aufgrund einer Vielzahl von Einflussfaktoren ließe sich beispielsweise nicht zweifelsfrei bestimmen,

warum ein Langzeitarbeitsloser seine neue Beschäftigung behält. Eine exakte Wirkungsmessung erscheint als sehr schwierig.

4. **Limitierung:** Das Lösungspotenzial aus der Erfahrung und aus der Situation der Handelnden in sozialen Einrichtungen könne aufgrund einer strikten und rational ablaufenden Wirkungs- und Zielorientierung unterschätzt und ausgeblendet werden. Dadurch könnten die Akteur:innen in ihrem Handeln limitiert werden, denn einfache Ursache-Wirkungsannahmen auf Basis eines technokratisch orientierten Managements böten keinen Raum für die Kreativität und Gelegenheiten des Alltags in Sozialunternehmen. Gössler sieht die Gefahr, dass Mitarbeitende einer sozialen Organisation durch eine erfolgreich implementierte Wirkungsorientierung behindert werden. (vgl. Gössler 2014: 69ff.) und (vgl. Gössler 2015: 22ff.)

Theoretisch hergestellte Zusammenhänge von Ursache und Wirkung sind nicht immer empirisch nachweisbar. Aus einem beobachtbaren Zustand oder einem Ergebnis lässt sich bei sozialen Interaktionen nicht eindeutig erkennen, ob diese auf die ursächliche Intervention oder auf andere Einflüsse zurückzuführen sind. Die Wirkung bzw. das Ergebnis kann auch von mehreren Akteur:innen oder der Umwelt beeinflusst sein. (vgl. Burmester 2020: 40)

Insgesamt gilt es, das komplexe Geflecht von Wirkungen und Nebenwirkungen sowie von Einflussfaktoren, die sich gegenseitig, zum Teil widersprüchlich, beeinflussen, bei der Wirkungsmessung und den Folgerungen daraus zu berücksichtigen. Somit bleibt die Wirkungsmessung ein anspruchsvolles Unterfangen.

Resümee: der Blick auf die Wirkung benötigt Entwicklung

Es wurde bereits angemerkt, dass sich Wirksamkeitsnachweise positiv auf die Akquise von Spenden-, Investor:innen- und Fördergeldern auswirken. Somit haben entsprechende Wirkungsmessungen, -analysen und daraus folgende Planungen der Wirkung einen positiven Effekt auf die Steuerung interner und externer Organisationsprozesse und tragen schließlich zu einer effizienten und nachhaltigen Umsetzung sozialer Innovationen bei. Demnach erscheint das Thema Wirkungsmessung als wichtiges Instrument, um im Wettbewerb zu bestehen und die eigene Vision gegenüber Stakeholdern zu kommunizieren.

Interessant ist dabei auch der Aspekt, dass durch Wirkungsmessung der Fokus auf die Effektivität der von Social Entrepreneurship angebotenen Problemlösungen gelegt wird. In der Vergangenheit lag der Schwerpunkt häufig mehr auf der Frage nach der Effizienz und der Wirtschaftlichkeit. Dieser Fokus auf die Kosten könnte wiederum möglicherweise das eigentliche Ziel in Bezug auf das Gemeinwohl etwas aus dem Blickfeld gerückt haben (vgl. Kehl/Then/Rauscher/Schober 2018: 277).

Insgesamt ist bei der Wirkungsmessung und -analyse zu berücksichtigen, dass die Verfahren zur Wirkungsmessung fachliche Kompetenzen und entsprechende finanzielle Mittel benötigen, wenn sie methodisch fundiert durchgeführt werden sollen. Diese Mittel müssen den Social-Entrepreneurship-Organisationen auch zur

Verfügung stehen bzw. von Mittelgeber:innen bereit gestellt werden, um eine erfolgreiche Wirkungsmessung zu erzielen.

Zudem erfordert die Vielzahl an Messinstrumenten weitere Forschung, um einheitliche und praxistaugliche Tools zu finden, die den unterschiedlichen Anforderungen zwischen Social-Entrepreneurship-Organisation und Förderinstitutionen gerecht werden (vgl. Europäische Kommission 2015a: 18).

Zudem sei darauf hingewiesen, dass es von großer gesellschaftlicher Bedeutung ist, wenn Investoren:innen und Spender:innen nicht vorrangig Social-Entrepreneurship-Organisationen fördern, deren Aktivitäten den Zeitgeist treffen. Stattdessen sollten insbesondere auch solche Initiativen unterstützt werden, deren Zielgruppen über ein geringes gesellschaftliches Ansehen verfügen. Andernfalls besteht die Gefahr, dass das soziale Engagement für Randgruppen sinkt und darauf ausgerichtete Social-Entrepreneurship-Organisationen ihre Arbeit einstellen müssen, sobald das gesellschaftliche Interesse an ihren Aktivitäten nachlässt. (vgl. Gehra/Hieronymus in Druck)

> **Reflexionsfragen:**
>
> 1. Was bedeutet Wirkung und Wirkungsmessung im Zusammenhang mit Social Entrepreneurship?
> 2. Wer benötigt Wirkungsmessung?
> 3. Welche Ansätze der Wirkungsmessung gibt es?
> 4. Welche Kritikpunkte werden gegenüber der Wirkungsmessung angebracht?
> 5. Inwieweit ist die Kritik berechtigt?

Abschließend ist anzumerken, dass Social-Entrepreneurship-Organisationen, deren Hauptzweck wirkungsorientiertes Handeln ist, genauso einen juristischen Rahmen in Form von Rechtsformen benötigen, wie alle anderen Unternehmen. Das folgende Kapitel geht auf die rechtlichen Besonderheiten sowie Vor- und Nachteile im Hinblick auf Social Enterprises ein.

4. Rechtsformen und deren Spezifika für Social Enterprises

Vorweg sei an dieser Stelle darauf hingewiesen, dass die hier genannten Aspekte bzgl. der Rechtsformen nur eine Schilderung empirischer Gegebenheiten und Erkenntnisse darstellen und daher keinen Anspruch auf rechtliche Vollständigkeit oder Verbindlichkeit beinhalten.

Die Rechtsformen im Überblick

Wie jede Organisation, benötigt auch eine Initiative im Bereich Social Entrepreneurship eine juristische Verfasstheit in Form einer Rechtsform, um am Wirtschafts- und Geschäftsverkehr teilnehmen zu können. Gesetzlich vordefinierte Rechtsformen bilden den Rahmen, aus denen Organisationen die für sie am besten geeignete wählen können. Die Entscheidung dafür fällt üblicherweise bei der Gründung oder bei einem Wechsel aus besonderem Grund, wenn beispielweise eine Personengesellschaft, wie eine Gesellschaft bürgerlichen Rechts (GbR) in eine Kapitalgesellschaft, wie z. B. in eine Gesellschaft mit beschränkter Haftung (GmbH) umgewandelt werden soll, um die finanzielle Haftung der Gesellschafter:innen zu begrenzen.

Grundsätzlich wird zwischen **Einzelunternehmen, Personengesellschaften** (OHG, GbR, KG), **Kapitalgesellschaften** (GmbH, AG), **Stiftungen, Vereinen** und **Genossenschaften** unterschieden. Die Wahl der Rechtsform hat Auswirkungen auf Aspekte wie Mindestkapitalausstattung, Anzahl der Gründungsmitglieder, Haftungsumfang, Gewinn- und Verlustverteilung, Besteuerung oder Publizitätspflichten. Dementsprechend hat die Entscheidung für eine der Rechtsformen weitreichende Konsequenzen. (vgl. Vahs/Schäfer-Kunz 2021: 131ff.)

Einen Überblick über die gebräuchlichsten Rechtsformen in Deutschland bietet folgende Tabelle:

Tabelle 1: Gesellschaftsformen unterteilt nach Personen- und Kapitalgesellschaften. Quelle: Eigene Darstellung nach Schnedler 2020: 3.

Personengesellschaften	Kapitalgesellschaften
Eingetragener Kaufmann (e. K.)	Gesellschaft mit beschränkter Haftung (GmbH)
Gesellschaft bürgerlichen Rechts (GbR)	Unternehmergesellschaft (UG) (haftungsbeschränkt)
Offene Handelsgesellschaft (OHG)	Aktiengesellschaft (AG)
Kommanditgesellschaft (KG)	Ausländische Rechtsformen: englische Limited (Ltd.)

Partnerschaftsgesellschaft (PartG) / Partnerschaftsgesellschaft mit beschränkter Berufshaftung (PartGmbB)	
Stille Gesellschaft	
GmbH & Co. KG	

Keine Kapitalgesellschaften im engeren Sinne:
Eingetragene Genossenschaft (z. B. Sozialgenossenschaften, Einkaufsgenossenschaften)
Eingetragener Verein e.V.
Stiftung

Aspekte, die im Entscheidungsprozess für eine Rechtsform unbedingt beachtet werden sollten, sind folgende:

- Haftungssituation
- gesetzlich notwendige und verfügbare anfängliche Kapitalausstattung
- steuerliche Konsequenzen
- Gründungskosten
- Kapitalaufbringungsmöglichkeiten/Investorenkompatibilität
- formalistische Anforderungen
- Einfachheit und Flexibilität der Ausgestaltung der Rechtsform im Gesellschaftsvertrag
- Verwaltungsaufwand und Verwaltungskosten
- einfache Veräußerbarkeit oder Übernahme der Anteile oder des Unternehmens
- Abwicklungsmöglichkeiten bei Scheitern der Unternehmung/Geschäftsidee (Schnedler 2020: 3)

Jede Rechtsform erfüllt in unterschiedlicher Art und Weise die genannten Kriterien, weshalb die Entscheidung für eine der Rechtsformen nach den Anforderungen des Gründungsteams und nach der Art des Social Enterprises getroffen werden sollte. Dabei ist eine anwaltliche Beratung hilfreich und empfohlen (vgl. SEND e.V. o.J.a: 5).

Eine sehr häufig gewählte Rechtsform von Social-Entrepreneurship-Organisationen ist die Gesellschaft mit beschränkter Haftung (GmbH), also eine Kapitalgesellschaft. Daher sind im Folgenden die Vor- und Nachteile einer Kapitalgesellschaft (wie einer GmbH, aber auch einer UG und AG) gegenüber einer Personengesellschaft aufgelistet:

Tabelle 2: Vor- und Nachteile der Rechtsform GmbH. Quelle: Eigene Darstellung nach Schnedler 2020: 21.

Vorteile einer Kapitalgesellschaft gegenüber Personengesellschaften	Nachteile einer Kapitalgesellschaft gegenüber Personengesellschaften
Haftungsbegrenzung: Nach Eintragung der GmbH ins Handelsregister haften die Gründer grundsätzlich nicht mehr mit ihrem Privatvermögen.	Die Gründung, die Satzungsänderung, z. B. die Verlegung des Unternehmenssitzes und die Kapitalerhöhung, die Abberufung des Geschäftsführers und die Abtretung von Geschäftsanteilen (nicht bei der AG) müssen zwingend beim Notar beurkundet und beim Handelsregister eingereicht werden, was mit Notar- und Veröffentlichungskosten sowie zeitlichem Aufwand verbunden ist.
Möglichkeit zur entgeltlichen Mitarbeit im eigenen Unternehmen; Angemessene Geschäftsführergehälter gelten z. B. als abziehbare Betriebsausgaben.	Die Gründung einer GmbH ist teurer und aufwendiger als die Gründung einer Personengesellschaft und erfordert eine Stammeinlage von mindestens € 25.000, von denen bei der Gründung sofort mindestens die Hälfte, also € 12.500, einbezahlt werden muss (bei der UG theoretisch nur € 1).
	Es gelten hohe Publizitätspflichten für Kapitalgesellschaften: Offenlegung des Jahresabschlusses, jährliche Erstellung einer veröffentlichungspflichtigen Bilanz und Gewinn-und-Verlust-Rechnung (Kosten für Steuerberater und Veröffentlichung).
	Eine GmbH unterliegt in vollem Umfang den Vorschriften des Handelsgesetzbuchs, das heißt der Verpflichtung zur Führung von Handelsbüchern und der Erstellung von Handelsbilanzen.
Bar- und/oder Sachgründung sind möglich. Bargründung erfolgt in Form von Geld. Sachgründung bedeutet das Einbringen von Wertgegenständen, wie Immobilien, Maschinen, Kraftfahrzeugen oder ähnlichem.	Strenge Geschäftsführerhaftung, insbesondere wenn die GmbH in eine Krise gerät: Grundsätzlich reicht die fahrlässige Verletzung von Pflichten des Geschäftsführers aus, um eine unbegrenzte Haftung des Geschäftsführers für dadurch entstandene Schäden mit seinem Privatvermögen nach sich zu ziehen.

Vorteile einer Kapitalgesellschaft gegenüber Personengesellschaften	Nachteile einer Kapitalgesellschaft gegenüber Personengesellschaften
Einflussnahme auf die Geschäftsführer:innen der GmbH durch Gesellschafterversammlung, Beirat und Geschäftsordnung sind möglich.	
Der Gesellschaftsvertrag/die Satzung kann weitgehend flexibel ausgestaltet werden.	
Hohes Ansehen der Rechtsform im Rechtsverkehr, z. B. bei Lieferanten und Kund:innen.	
Investmentfähig: Investor:innen investieren oftmals nur in eine Kapitalgesellschaft, wie z. B. die GmbH.	
Relativ einfache Übertragbarkeit der Beteiligung der Gesellschafter:innen an Käufer:innen bzw. einfache Aufnahme weiterer Investor:innen.	
Hohe Rechtssicherheit: Viele auslegungsbedürftige (Rechts-)Fragen zur GmbH sind schon obergerichtlich entschieden worden.	
Gegebenenfalls steuerliche Vorteile dank niedrigem Körperschaftssteuersatz.	

Die hier, sicherlich nicht abschließend, aufgelisteten Aspekte im Vergleich zwischen einer Kapitalgesellschaft wie einer GmbH und einer Personengesellschaft sind vielfältig, weshalb nochmals eine anwaltliche Unterstützung empfohlen wird. Eine weitere, insbesondere für Sozialunternehmen bedeutende Facette bei der Rechtsformwahl, ist die gesetzlich geregelte Gemeinnützigkeit.

Gemeinnützigkeit

Für Social Entrepreneurs spielt bei der Wahl der Rechtsform zusätzlich der Aspekt der Gemeinnützigkeit eine wichtige Rolle. Als „gemeinnützig" darf sich eine Organisation bezeichnen, wenn sie gemäß ihrer Satzung gemeinnützige, kirchliche oder mildtätige Zwecke nach den Paragrafen 52-54 der Abgabenordnung (AO) zum Ziel hat und dies vom Finanzamt bestätigt wurde. Infolgedessen führen solche Organisationen ein kleines „g" vor dem Kürzel der Rechtsform, wie gGmbH oder gAG. Vereine, Stiftungen und Genossenschaften können ebenfalls die Gemeinnützigkeit beantragen. Als gemeinnützig anerkannte Unternehmen genießen sie steuerliche Privilegien, wie z. B. eine Befreiung von der Körperschaftssteuer und die Berechtigung zur Entgegennahme steuerlich abzugsfähiger Spenden. Gleichzeitig dürfen sie grundsätzlich Gewinne erwirtschaften und Rücklagen bilden, sind aber verpflichtet, im Rahmen der sogenannten Mittelbindung und weiterer Regularien, diese wieder für gemeinnützige und satzungsgemäße Zwecke einzusetzen (vgl. Vogelbusch 2018: 35). Ungefähr die Hälfte der Social Enterprises wird mit gemeinnützigem Status gegründet (vgl. SEND e.V. o.J.a: 29).

Genossenschaften

Im Zusammenhang mit den Urvätern des sozialunternehmerischen Handelns Friedrich Wilhelm Raiffeisen und Hermann Schulze-Delitzsch wird auch das Gründen der ersten Genossenschaften in Deutschland vor über 150 Jahren genannt. Diese bewährte und im Jahr 2014 in die UNESCO-Liste des Immateriellen Kulturerbes aufgenommene Rechtsform gewinnt, insbesondere nach gesetzlichen Erleichterungen bzgl. Finanzierung und Abschlussprüfung sowie der Öffnung für kulturelle und soziale Zwecke, wieder an Bedeutung. Gemäß dem Grundsatz „Was dem Einzelnen nicht möglich ist, das vermögen viele" steht, im Unterschied zu anderen Rechtsformen, die Förderung der Mitglieder im Mittelpunkt einer Genossenschaft. Damit steht nicht die Vermehrung des Kapitals an erster Stelle, sondern die Wertschöpfung für die Mitglieder und der Satzungszweck. Jedes Genossenschaftsmitglied hat eine Stimme, unabhängig davon wie viele Genossenschaftsanteile jemand erworben hat. Damit gilt diese Rechtsform als eine sehr demokratische Gesellschaftsform. (vgl. Bayerisches Staatsministerium für Familie, Arbeit und Soziales 2019)

Diese grundsätzlichen Merkmale decken sich mit Zielorientierungen von Social-Entrepreneurship-Initiativen, so dass Genossenschaften als Rechtsform geeignet sind, z. B. zum Aufbau oder Erhalt von Mehrgenerationen-Strukturen (u. a. Quartierskonzepte, Dorfläden etc.), für die alltäglichen Bedürfnisse von Familien, für ein selbstbestimmtes Leben von Pflegebedürftigen oder auch für Menschen mit Behinderung. Die Neugründungen in diesen Bereichen steigen. Auch die Anerkennung als gemeinnützige Genossenschaft ist möglich. (vgl. Bayerisches Staatsministerium für Familie, Arbeit und Soziales 2019)

Rechtsformen für Social-Entrepreneurship-Organisationen

Die Bandbreite zur Umsetzung von Social-Entrepreneurship-Aktivitäten ist vielfältig. Die Gründung eines Unternehmens oder eines Vereins, gemeinnützig oder gewinnorientiert, im Rahmen der vorgestellten Rechtsformen sind Alternativen. Die organisatorische Firmierung ist dabei zweitrangig, solange die Entfaltung gesellschaftlicher Wirkung im Fokus bleibt. Das gilt auch für kommerziell orientierte Unternehmen, die ihre Dienstleitungen oder Produkte so gestalten, dass eine gesellschaftliche Wirkung im Vordergrund steht. (vgl. Sailer/Notz/Planck 2021: 140)

Es gibt demzufolge in Deutschland aktuell keine speziell konzipierte Rechtsform für Social-Entrepreneurship-Organisationen, wie bspw. die *public interest company* in Großbritannien (vgl. Beckmann 2011: 72). Folglich stellt die Rechtsform kein verlässliches Charakteristikum dar, um eine Social-Entrepreneurship-Organisation als solche zu definieren. Empirische Belege zeigen auf, dass Sozialunternehmen eine Vielzahl von Rechtsformen nutzen und adaptieren. Dabei greifen sie auf Non-Profit- und auf For-Profit-Modelle, also gemeinnützige und kommerzielle Verfassungen, zurück (vgl. Mair/Rathert 2021: 512).

Dementsprechend schwierig ist eine Erfassung der Anzahl von Social-Entrepreneurship-Organisationen. Während eine Studie der EU-Kommission die Zahl der Sozialunternehmen in Deutschland auf etwas mehr als 77.000 im Jahr 2017 schätzt (vgl. Europäische Kommission 2020: 23), kommt eine andere Studie für den gleichen Zeitraum schon auf 154.000 „junge" Sozialunternehmen, deren Gründung maximal fünf Jahre zurückliegt (vgl. Metzger 2019: 1).

Diese Heterogenität bei den vorkommenden Rechtsformen bestätigt auch die zum vierten Mal durchgeführte Befragung von SEND e.V., dem Deutschen Social Entrepreneurship Monitor, bei 359 Social Enterprises. Generell sind alle gängigen Rechtsformen bei den Antworten vertreten. Mit über 22 Prozent ist eine gewerblich orientierte GmbH die am häufigsten genannte Rechtsform, dicht gefolgt von der gemeinnützigen Variante als gGmbH mit fast 20 Prozent. An dritter Stelle steht der eingetragene Verein mit über 18 Prozent. (vgl. Hoffmann/Kiefl/Scharpe/Wunsch 2022: 25)

Eine 2020 durchgeführte Befragung bei 49 Sozialunternehmen stützt die Vielfalt der Rechtsformen und die dementsprechend schwierige Erfassung anhand dieses Kriteriums. 39 Prozent der Sozialunternehmen sind als eingetragener Verein organisiert, 22 Prozent als gemeinnützige Gesellschaften mit beschränkter Haftung (gGmbH) und 22 Prozent als bloße GmbH. Diese Daten decken sich mit einer vorhergehenden Untersuchung aus 2015. Bemerkenswert in diesem Zusammenhang ist die Tatsache, dass 35 Prozent eine hybride Rechtsform besitzen. Das heißt bspw. ein als gemeinnützig anerkannter Verein ist mit einer GmbH verflochten. Dadurch wird es Social-Entrepreneurship-Organisationen ermöglicht, ihre Aktivitäten flexibler an die rechtlichen und steuerlichen Rahmenbedingungen anzupassen und die Einnahmen generierenden und die sozialen Tätigkeitsfelder effizienter zu steuern. (vgl. SEFORÏS Forschungskonsortium 2020: 5).

Wenn gewerbliche und gemeinnützige Elemente vermischt werden, wird dies als hybride Struktur bezeichnet. Rechtsform und Aufbau der Organisation bis hin zur Finanzierung weisen Profit- und Nonprofit-Elemente auf. Beispielsweise agiert eine marktwirtschaftlich ausgerichtete GmbH einer Social-Entrepreneurship-Organisation gemeinsam mit einem als gemeinnützig anerkannten Verein der gleichen Initiative. Die Gewinne der kommerziellen GmbH fließen zurück in den Verein, um das gesellschaftliche Wirken zu stärken. Dadurch werden unterschiedliche Motive von Investor:innen, von reiner Spendenorientierung bis hin zu Renditeerwartungen auf Kapitalmarktniveau bedient und Finanzierungen auf breiter Basis ermöglicht. Spenden fließen in den Verein und Investor:innen können in die GmbH investieren. (vgl. Freiburg/Gehra 2020: 51)

Den Zusammenhang zwischen hybrider Rechtsform zu hybrider Finanzierungsstruktur und Geschäftsmodell zeigt folgende Grafik auf:

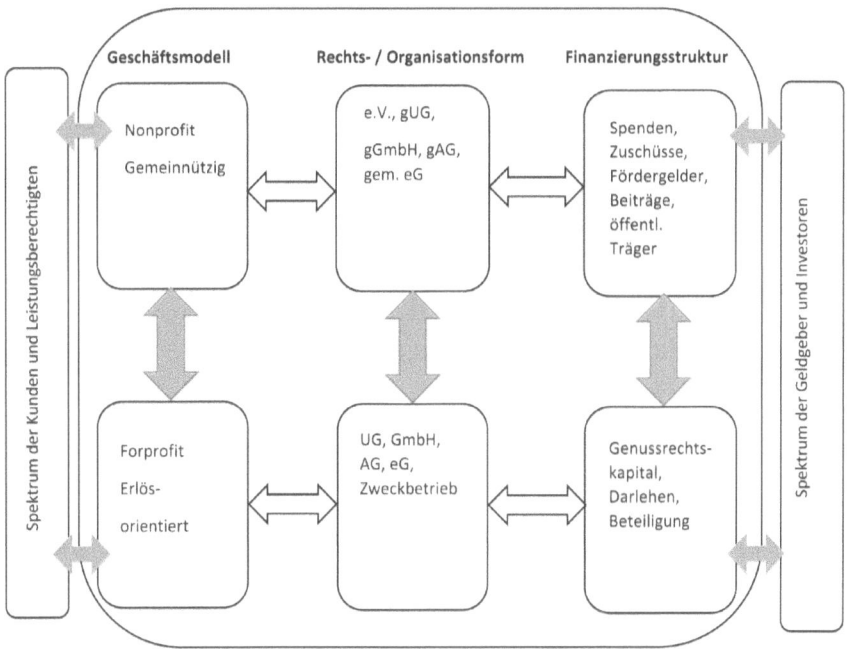

Abbildung 17: Hybride Gestaltung von Sozialunternehmen. Quelle: Freiburg/Gehra 2020: 54.

Durch die Nutzung sowohl von Profit- als auch von Nonprofit-Elementen im Geschäftsmodell und entsprechenden gemeinnützigen und nicht gemeinnützigen Rechtsformen ergibt sich eine breitere Finanzierungsstruktur. Diese ermöglicht den Zugang zu einem breiterem Spektrum an Geldgeber:innen und Investor:innen – sowohl renditeorientierte und eher philanthropisch orientierte als auch private und öffentliche. Gleichzeitig wird das Spektrum möglicher Nutzer:innen oder Kund:innen erweitert. Der weiter gefasste Zugang zu Kund:innen mit höheren Erlösmöglichkeiten und zu Investor:innen ist insbesondere in der Wachstumsphase nach der Gründung für Social Enterprises überlebenswichtig. (vgl. Freiburg/Gehra 2020: 51)

Governance und Verantwortungseigentum

In engem Zusammenhang mit der Wahl der Rechtsform steht auch die Dimension der Governance. Nach der Definition des SEND e.V. besteht Social Entrepreneurship aus einer gesellschaftlichen, unternehmerischen und eben einer Governance-Dimension. Diese dient der Steuerung und Kontrolle der Organisation. Insbesondere sollen erwirtschaftete Überschüsse prioritär der Reinvestition und damit der Stärkung der gesellschaftlichen Mission des Social Enterprises dienen. Ebenso sollen Partizipation, Transparenz und Gerechtigkeit in Bezug zu allen Stakeholdern berücksichtigt werden. Alle diese Aspekte können in unterschiedlichen Rechtsformen in unterschiedlichem Ausmaß berücksichtigt werden. (vgl. Hoffmann/Kiefl/Scharpe/Wunsch 2022: 18)

Vor dem Hintergrund der Governance-Dimension gibt es Initiativen, wie die Stiftung Verantwortungseigentum oder die Purpose Stiftung (vgl. Canon/Hensen/Hensen/Kühl/Razo/Steuernagel/Urman/Willeke 2020), die neue Rechtsformen etablieren wollen, welche den Anforderungen von Social Enterprises besser gerecht werden. Ähnlich wie in einer Stiftung, nur erheblich weniger aufwendig in der Gründung und Ausgestaltung, soll in Form einer sog. Gesellschaft mit gebundenem Vermögen die Fortführung eines Unternehmens generationenübergreifend und unabhängig von den Gründer:innen bzw. deren Familien möglich sein. (vgl. Stiftung Verantwortungseigentum 2021: 3)

Trotz eines bisher nur als Entwurf vorliegenden Gesetzes gibt es bereits einige Firmen, die sich freiwillig an die Bindung ihres Vermögens halten und dies in ihren Satzungen festgeschrieben haben. Ein Beispiel ist das Social Enterprise „Wildplastic", das sich dem Recyceln von Plastik verschrieben hat. 1 Prozent der GmbH-Anteile wurden an die Purpose Stiftung übergeben, die diese als Veto-Anteile hält. Damit sollen zwei Kernprinzipien rechtlich bindend garantiert werden. Ein Exit, also ein Verkauf an andere Unternehmen, soll vermieden werden und beliebige Ausschüttungen sind untersagt. Stattdessen sollen Gewinne durch Reinvestition vorwiegend dem Unternehmenszweck dienen. (vgl. Hoffmann/Kiefl/Scharpe/Wunsch 2022: 27).

Abschließend bleibt die Erkenntnis, dass die Wahl einer geeigneten Rechtsform, besonders unter Berücksichtigung der spezifischen Anforderungen von Social Entrepreneurship Organisationen, von hoher Bedeutung für den Erfolg derselben ist. Umso mehr ist anwaltliche Beratung von erfahrenen und kompetenten Personen in diesem Tätigkeitsfeld empfohlen. Die Ansprechpartner:innen der Gründungsnetzwerke und Förderstellen in der Social Entrepreneurship Community haben Zugang zu entsprechenden Expert:innen. Ein erster Einstieg zur Community findet sich im Kapitel 9 zum Social-Entrepreneurship-Ökosystem.

> **Reflexionsfragen:**
>
> 1. Welche Vor- und Nachteile hat eine GmbH für ein Sozialunternehmen?
> 2. Welche Rolle spielt die Eigenschaft „gemeinnützig" für Social Enterprises?
> 3. Welche Rechtsformen sind bei Social Enterprises in Deutschland verbreitet?
> 4. Was beabsichtigen Ansätze wie Verantwortungseigentum und gebundenes Vermögen?
> 5. Was bedeutet eine hybride Struktur von Sozialunternehmen? Welche Vor- und Nachteile bringt diese mit sich?

Die Gestaltung der Rechtsform hat Konsequenzen auf die Finanzierungsmöglichkeiten, einem weiteren, sehr wichtigen Aspekt für Social Entrepreneurs. Das Thema Finanzierung ist daher im Zentrum des nächsten Kapitels.

5. Finanzierung

Die Sicherstellung der Finanzierung, d. h. die ausreichende Versorgung mit Geld, gilt schon lange und immer noch als größte Hürde für Social Enterprises in Deutschland, so die Erkenntnis der Befragungen des Social Entrepreneurship Monitors in 2020 und 2021 (vgl. Hoffmann/Kiefl/Scharpe/Wunsch 2022: 15; vgl. Hoffmann/Scharpe/Wunsch 2021: 11). Bereits in dessen erster Erhebung in 2018 sahen fast zwei Drittel der befragten Social Entrepreneurs in der Start- und Anschlussfinanzierung ein wesentliches Hindernis (vgl. Tete/Wunsch/Menke 2018: 9). Demnach sind das Investieren in und das Finanzieren von Social-Entrepreneurship-Organisationen zwei der wichtigsten Ansatzpunkte, um diese Art von Unternehmertum zu ermöglichen und deren Wirkung zu vergrößern.

Dieses Kapitel stellt zunächst allgemeine Finanzierungformen vor, bevor es näher auf die Herausforderungen der Finanzierung von Social-Entrepreneurship-Projekten eingeht. Anschließend wird auf wirkungsorientiertes Investieren als Form der Social-Entrepreneurship-Finanzierung eingegangen. Zuletzt werden verschiedene Finanzintermediäre und -akteur:innen sowie besondere Finanzierungsformen und Förderungen vorgestellt, die für Social Entrepreneurs zugänglich und ausgelegt sind.

Allgemeine Finanzierungsformen

Grundsätzlich wird bei der Finanzierung von Organisationen in Innenfinanzierung und Außenfinanzierung im Sinne der Herkunft des Kapitals unterschieden.

Innenfinanzierung bedeutet dabei, dass Finanzmittel aus eigener Kraft erwirtschaftet werden, ohne die Inanspruchnahme von externen Kapitalquellen. Möglichkeiten der Innenfinanzierung sind dabei z. B. Umsätze aus dem Verkauf der eigenen Dienstleistungen oder Produkte an die Zielgruppe. Alternativ gibt es auch Geschäftsmodelle, die den Verkauf von Dienstleistungen oder Produkten an eine zahlungskräftige Kundschaft und nicht die eigentlich begünstigte, vielleicht weniger zahlungskräftige Zielgruppe vorsehen, wodurch die Versorgung der eigentlichen Zielgruppe querfinanziert wird.

Sogenannte Leistungsentgelte, wie Vergütungen durch die öffentliche Hand, z. B. für die Bereitstellung von Betreuungsplätzen oder Pflegediensten oder staatliche Zuschüsse für förderungswürdige Projekte, fallen ebenfalls in die Kategorie der Erlösgenerierung. Für Letztere finden sich auf www.foerderdatenbank.de für Deutschland und auf www.ec.europa.eu/info/funding-tenders für die Europäische Union mögliche Fördergelder.

Social-Entrepreneurship-Organisationen in der Rechtsform eines Vereins können darüber hinaus Mitgliedsbeiträge erheben und darüber regelmäßige Einnahmen zur Innenfinanzierung erzielen. (vgl. Scheck o. J.: 4)

Außenfinanzierung hingegen bedeutet die Zuführung von Kapital über externe Quellen. Folgende Formen der Außenfinanzierung sind für Social Enterprises wesentlich:

- **Spenden** sind freiwillige und unentgeltliche Geld- oder Sachzuwendungen für einen religiösen, wissenschaftlichen, gemeinnützigen, wirtschaftlichen oder politischen Zweck. Spender:innen können Privatpersonen, Unternehmen, Stiftungen und die öffentliche Hand sein. Vorteile der Finanzierung durch Spenden sind, dass Spender:innen weder eine Gegenleistung für ihre Spende beanspruchen noch sie zurückfordern können. Die Finanzierung über Spenden birgt allerdings auch Nachteile. So ist das Einwerben der Spenden zunächst mit Kosten verbunden, wobei nicht planbar ist, ob und wann Spenden eingehen. Außerdem können Spenden zweckgebunden sein, sodass nicht immer frei über das Geld verfügt werden kann.

  Die Finanzierung über Spenden ist Organisationen mit gemeinnützigen Rechtsformen, wie dem eingetragenen Verein, der gGmbH oder der gUG, vorbehalten. (vgl. Scheck o. J.: 4ff.)

- **Eigenkapital** ist eingelegtes Geld, das der Organisation unbefristet zur Verfügung steht. Die Kapitalgeber:innen werden Miteigentümer:innen des Unternehmens. Sie erhalten Unternehmensanteile bzw. Aktien und werden somit vollumfängliche Teilhaber:innen an Gewinnen und Verlusten. Deshalb bekommen sie in der Regel gewisse Stimm- und Kontrollrechte.

  Eigenkapitalgeber:innen werden in Direktinvestoren und Fonds unterschieden. Erstere sind beispielsweise die Gründer:innen selbst oder andere Privatpersonen aus ihrem Umfeld sowie sog. Business Angels, die sich finanziell am Unternehmen beteiligen und die Gründer:innen mit ihrem Knowhow unterstützen. Fonds verkaufen ihre Anteile an mehrere Investor:innen und investieren entsprechend ihrer Anlageziele in verschiedene Unternehmen und weitere Anlageformen. Für Sozialunternehmen in der Gründungsphase kommen sogenannte Venture-Philantropy-Fonds oder soziale Risikokapitalfonds in Frage (siehe auch Kapitel 9 zu Social-Entrepreneurship-Ökosystem). Ein Vorteil von Eigenkapitalinvestor:innen ist, dass sie am Erfolg des Unternehmens interessiert sind und somit ihr Knowhow und Netzwerk einbringen. Ein Nachteil kann das Mitspracherecht der Investor:innen sein, das oft mit einer umfangreichen Berichterstattung seitens der Gründer:innen verbunden ist.

  Wenn ein Unternehmen Verluste macht, wird grundsätzlich zuerst das Eigenkapital herangezogen, um Ausstände zu begleichen, erst danach das Fremdkapital. Ist also viel Eigenkapital vorhanden, sinkt das Risiko für Fremdkapitalgeber und damit auch die Kosten für Fremdkapital, also z. B. die Zinsen für Kredite.

  Die Finanzierung über Eigenkapitalinvestor:innen ist Social Enterprises mit gewerblichen Rechtsformen vorbehalten. (vgl. Scheck o. J.: 4ff.)

  Fremdkapital, auch Kredit oder Darlehen genannt, wird dem Unternehmen von externen Geldgeber:innen und für eine befristete Dauer zur Verfügung gestellt. Anders als Eigenkapitalgeber:innen haben Fremdkapitalgeber:innen einen Anspruch auf Tilgung, also die Rückzahlung ihrer Mittel, sowie meist auf Zinszahlungen. Ihre Ansprüche sind unabhängig vom Erfolg des Unternehmens und bringen keine Mitspracherechte in der Unternehmensführung mit sich. Dafür fordern Fremdkapitalgeber:innen meist Sicherheiten, wie bspw. eine Grundschuld oder eine Bürgschaft, ein.

Vorteile der Fremdkapitalfinanzierung sind, dass sich die Konditionen, wie Laufzeit und Tilgung, flexibel vereinbaren lassen und dass die Gründer:innen keine Unternehmensanteile und damit Mitspracherechte abgeben müssen. Ein Nachteil im Social-Entrepreneurship-Bereich ist, dass die soziale Rendite, die ein Social Enterprise neben der finanziellen Rendite erbringt, im regulären Kreditgeschäft nicht abbildbar ist. Sie kann daher von Banken und anderen Kreditgeber:innen nicht einbezogen werden. Ein weiteres Problem ist, dass aufgrund fehlender Sicherheiten zu Beginn einer unternehmerischen Tätigkeit meist nur kleinere Summen finanziert werden können. (vgl. Scheck o. J.: 4ff.)

- **Bürgschaften** können in diesem Zusammenhang helfen und gelten als eigene Sonderform der Finanzierung. Dabei sichern Investor:innen Darlehen ab, deren Verwendungszweck vorab festgelegt wird. Somit kommen Social Entrepreneurs leichter und/oder zu günstigeren Konditionen an Kredite. (vgl. Scheck o. J.: 4ff.)
- **Mezzaninkapital** vereint rechtliche und wirtschaftliche Eigenschaften von Eigen- und Fremdkapital. Klassischerweise stellen Investor:innen hierbei zeitlich befristet Kapital zur Verfügung und erhalten Zinszahlungen. Daneben wird eine Gewinnbeteiligung vereinbart, jedoch ohne dass die Investor:innen Mitspracherechte erhalten. (vgl. Scheck o. J.: 4ff.)
- **Hybridkapital** kombiniert die Finanzierungsformen Eigen- und Fremdkapital sowie Spenden miteinander. Mögliche Formen sind:
  - Wandeldarlehen, die beim Erreichen vorab vereinbarter Zwischenziele einen Teil der Darlehenssumme erlassen.
  - Wandelspenden, die bei vorab definiertem unternehmerischem Erfolg in Eigenkapital umgewandelt werden.
  - Rückzahlbare Spenden, die bei einer positiven Unternehmensentwicklung zurückgezahlt werden müssen und ansonsten in klassische Spenden umgewandelt werden.
  - Umsatzbeteiligungen, die Investor:innen anstelle von Tilgungen und Zinsen für die Gewährung eines Darlehens zustehen. (vgl. Scheck o. J.: 4ff.)

5. Finanzierung

Die folgende Abbildung gibt noch einmal eine gute Übersicht über die verschiedenen Finanzierungsformen:

Abbildung 18: Finanzierungsstruktur und Finanzierungsinstrumente nach Innen- und Außenfinanzierung. Quelle: Eigene Darstellung, angelehnt an Achleitner/Spiess-Knafl/Volk 2011: 271.

Herausforderungen bei der Social-Entrepreneurship-Finanzierung

Genauso wie kommerzielle Unternehmen benötigen auch Social Enterprises je nach Entwicklungsphase Finanzkapital, um zu investieren, z. B. in Räumlichkeiten, Ausstattung, oder Personal (vgl. Hoffmann/Kiefl/Scharpe/Wunsch 2022: 54), und genauso stehen ihnen generell die gleichen Finanzierungsmöglichkeiten zur Verfügung (vgl. Scheck o. J.: 3), die oben bereits beschrieben wurden. Allerdings weisen viele Social-Entrepreneurship-Organisationen Merkmale auf, die ihnen die Finanzierung ihrer Projekte im Vergleich zu kommerziellen Unternehmen erschweren:

- Social-Entrepreneurship-Organisationen zeichnen sich oft durch Geschäftsmodelle aus, bei denen ihre Kundschaft nicht direkt im Gegenzug für die erhaltene Dienstleistung oder das Produkt bezahlt, sondern Dritte, wie Spender:innen oder (teil-)öffentliche Geldgeber:innen, wie Krankenkassen, Kommunen oder Bezirke.
- Social Enterprises haben nicht unbedingt ein ökonomisch skalierbares Modell mit dem Ziel eines Börsengangs, durch den Rückflüsse für investiertes Kapital generiert werden könnten.
- Zum Teil können aufgrund des Kriteriums der Gemeinnützigkeit keine Gewinne ausgeschüttet werden und eine Verzinsung des eingesetzten Kapitals ist aufgrund des primär gesellschaftlichen Fokus' nur gering, wenn überhaupt einkalkuliert.
- Social Enterprises können oft nicht eindeutig dem gemeinnützigen oder dem nicht-gemeinnützigen Sektor zugeordnet werden. Häufig sind Finanzierungsinstrumente aber entweder nur für den einen oder nur für den andern Sektor zugänglich. (vgl. Hoffmann/Kiefl/Scharpe/Wunsch 2022: 57)

- Banken schätzen die Geschäftsmodelle von Social-Entrepreneurship-Organisationen oft als zu riskant ein, während Risikokapitalfonds den potenziellen Ertrag im Vergleich zum Risiko als zu gering erachten.
- Für Mikrofinanzfonds scheint der Finanzierungsbedarf zu groß, während die Finanzierungsvolumina nicht die Mindestgröße von anderen institutionellen Investor:innen erreichen.

Hinzu kommt, dass Social-Entrepreneurship-Organisationen in ihrer Heterogenität sowohl marktorientierte als auch nicht-marktorientierte Geschäftsmodelle haben. Dazu kommen noch hybride Ausrichtungen in der Konzeption der Organisation.

Beispielsweise agieren Social Enterprises, die fair produzierte und gehandelte Lebensmittel oder Textilien verkaufen, auf einem wettbewerbsorientierten Markt und passen tendenziell noch am besten in die Logik der bestehenden Finanzierungsinstrumente. Social-Entrepreneurship-Organisationen, die hingegen eher gemeinwohlorientiert agieren, mit hybriden oder nicht marktorientierten Geschäftsmodellen, benötigen noch mehr passgenaue Finanzierungsmöglichkeiten. Solche Social-Entrepreneurship-Organisationen realisieren zum Teil Erträge aus Verkäufen auf einem Markt, haben aber zusätzlich häufig noch einen Finanzierungsmix aus Fördergeldern, staatlichen Zuschüssen und/oder Spenden sowie gegebenenfalls Mitgliedsbeiträgen. Viele Investor:innen sehen die Tragfähigkeit solcher verschachtelten Geschäftsmodelle skeptisch. Dazu kommt, dass die bestehende Infrastruktur an Gründungs- und Wirtschaftsförderung zu der Gemeinwohl- und Wirkungsorientierung von Social Enterprises keine inhaltliche Nähe hat.

Insgesamt führt das dann dazu, dass aufgrund der spezifischen Bedürfnisse der jeweiligen Entwicklungsphasen und Mischformen bei Social-Entrepreneurship-Organisationen die etablierten Gründungs- und Startup-Förderungen sowie -Finanzierungen nicht zweckmäßig sind. (vgl. Mildenberger/Krlev 2022: 290f.)

Daraus folgen Besonderheiten bei der Finanzierung von Social-Entrepreneurship-Organisationen und die Notwendigkeit eines spezifischen sozialen Finanzmarktes im Unterschied zur Finanzierung rein kommerzieller Unternehmen (vgl. Spiess-Knafl/Scheck 2020: 6). Hier hat sich in der Vergangenheit eine besondere Form des Investierens entwickelt, das sogenannte wirkungsorientierte Investieren, das im Folgenden näher erläutert wird.

Wirkungsorientiertes Investieren

Eine Finanzierungsform, die sich zur Generierung von Fremdkapital für Social Enterprises durchgesetzt hat, ist wirkungsorientiertes Investieren. In diesem Kontext werden Begriffe wie *Impact Finance* oder *Impact Investing* synonym verwendet. (vgl. Spiess-Knafl/Scheck 2020: 6)

„Wirkungsorientiertes Investieren umfasst Investitionen in wirkungsorientierte Organisationen oder Fonds mit der gezielten Absicht, soziale bzw. ökologische Wirkung sowie eine positive finanzielle Rendite zu erzielen. Die soziale bzw.

ökologische Wirkung ist Teil der Investmentstrategie und wird gemessen." (Petrick/Phineo gAG/Birnbaum/Bertelsmann Stiftung 2016: 13)

Wirkungsorientiertes Investieren setzt demnach die explizite Festlegung von Wirkungszielen und deren Messung voraus. Die soziale Wirkung ist Kern der Organisationen, in die investiert wird und nicht nur ein Nebenprodukt eines eigentlich anderen Geschäftsmodells. Im Gegensatz zu einer Spende wird aber ein verzinster Rückfluss des investierten Kapitals erwartet. (vgl. Petrick/Phineo gAG/Birnbaum/Bertelsmann Stiftung 2016: 13)

Wirkungsorientiertes Investieren schließt die Lücke zwischen der klassischen Kapitalanlage einerseits, die auf eine marktübliche Verzinsung abzielt, und der traditionellen Spende andererseits, die vorwiegend gesellschaftliche Veränderungen anstoßen will. Impact Investing hat eine doppelte Rendite zum Ziel: soziale Wirkung und eine finanzielle Rendite. (vgl. Dombrowski/Guelcibuk/Petrick 2017: 6)

Dabei ist im Detail auf unterschiedliche Zielrichtungen von ähnlich lautenden Begrifflichkeiten zu achten:

- Impact Investing bedeutet mehr als „Sustainable Investing". Gezielte, messbare, positive soziale Wirkungen zu erzielen, beinhaltet mehr als die Vermeidung von Negativeffekten oder eine nachhaltige Art und Weise des Wirtschaftens von Unternehmen.
- Mission Investing („zweckbezogenes Investieren") kann Impact Investing beinhalten, bedeutet aber eigentlich eine, oft bei Stiftungen gebräuchliche, Vermögensanlagestrategie, dass sich die Investitionen am Stiftungszweck orientieren müssen.
- Venture Philantrophy bedeutet das Investieren in gemeinnützige Organisationen oder Sozialunternehmen. Im Unterschied zum Impact oder Mission Investing wird nicht unbedingt auf eine finanzielle Rendite abgezielt. Dennoch ist diese Art des Investierens keine Spende, sondern Ausdruck unternehmerischen Denkens. Die Geldgebenden wollen eine soziale Rendite erzielen und die geförderte Organisation unternehmerisch unterstützen. (vgl. Dombrowski/Guelcibuk/Petrick 2017: 7)

Wirkungsorientierte Investments sind ein wachsender Markt, der mittlerweile ein breites Produktportfolio anzubieten hat. So können Investor:innen über alle Anlageklassen hinweg investieren, bspw. in Immobilien, ETFs oder Fonds mit bewussten Wirkungszielen.

Dennoch ist das Gesamtinvestitionsvermögen in solche Investments noch gering. Ein Grund dafür ist, dass Investitionsgrößen von über einer Million Euro, die für institutionelle Investor:innen interessant sind, oft nicht erreicht werden. Außerdem fehlen aktuell noch bestimmte Messstandards, sowohl was die Bewertung der Produkte als auch die Wirkungsmessung der betreffenden Projekte angeht (siehe auch Kapitel 3 zu Wirkung und Wirkungsmessung). Diese Problematik hat auch die Entstehung von Fonds begünstigt, die zwar Schlagworte wie „Impact", „Ethical" oder „Social" nutzen, dabei aber strenger definierte Kriterien nicht erfüllen. (vgl. Spiess-Knafl/Scheck 2020: 8)

Finanzintermediäre und -akteur:innen

In den vergangenen Jahren hat sich der sog. Impact-Investing-Sektor in Deutschland stetig weiterentwickelt und bietet nun erste Lösungen für die besonderen Finanzierungsanforderungen von Social-Entrepreneurship-Organisationen an. So können Förderbanken, wie die KfW-Bank oder Stiftungen, wie die Social Business Stiftung, Social Entrepreneurs vergünstigte Finanzprodukte und andere Förderungen anbieten, die sich aus Spenden und öffentlichen Geldern finanzieren.

Daneben gibt es Geschäftsbanken oder Vermögensverwalter:innen mit speziellen Finanzierungsprodukten, wie die Triodos Bank, und Crowdfunding-Plattformen, wie Startnext, die sich auf die Anforderungen von Social Enterprises spezialisiert haben, deren Finanzprodukte sich aber selbst finanzieren müssen. Außerdem haben sich besondere Investmentformen herausgebildet, die es privaten Investor:innen ermöglichen, in Social Enterprises zu investieren, wie z. B. der Impact Investing Fonds von BonVenture. Spezialisierte Beratungsorganisationen und Multiplikatoren, wie die Finanzierungsagentur für Social Entrepreneurship GmbH (FASE), vermitteln als sogenannte Intermediäre zwischen Social Entrepreneurs und Investor:innen und unterstützen somit bei der Suche nach einer passenden Finanzierung. (vgl. SEND e.V. 2019: 3ff.)

FASE wurde von Ashoka initiiert, 2013 gegründet und vermittelt zwischen Sozialunternehmen und Investor:innen, indem sie bei der Weiterentwicklung des Geschäftsmodells und dem Einwerben von Wachstumskapital unterstützt. Die Zielgruppe sind hier Sozialunternehmen, die bereits über die Experimentier- bzw. Startup-Phase hinausgekommen sind und sich in der frühen Wachstumsphase befinden. Während sie sich in den Anfängen meist aus Spenden und Eigenmitteln finanziert haben, benötigen sie nun eine geeignete Anschlussfinanzierung, um ihr Unternehmen weiterzuentwickeln und auszubauen. FASE begutachtet ausgesuchte Sozialunternehmen und vermittelt Finanzierungen im Bereich zwischen 100 Tausend und 1 Millionen Euro (vgl. Freiburg/Gehra 2020: 50f.). Vor diesem Hintergrund hat FASE 2022 den European Social Innovation and Impact Fund (ESIIF) initiiert. Dieser gibt potenziellen Investor:innen die Möglichkeit, Kapital in innovative Sozialunternehmen sinnstiftend einzusetzen und sowohl eine finanzielle Rendite als auch eine positive gesellschaftliche Wirkung zu erzielen. Das Projekt wird von der Europäischen Union im Rahmen des Programms für Beschäftigung und soziale Innovation mit einer finanzierten Bürgschaft unterstützt. (vgl. avesco/FASE 2022: 1)

Möglichkeiten des Wirkungsorientierten Investierens

Die folgenden Optionen, um wirkungsorientiert in Sozialunternehmen zu investieren, sind aus der Perspektive von Investor:innen beschrieben. Dies soll (potenziellen) Social Entrepreneurs und Interessierten erleichtern, die Logik von Investor:innen nachzuvollziehen.

Social-Venture-Capital-Fonds

Ein klassischer Venture-Capital-Fonds investiert als Risikokapitalgeber in mehrere, schnell wachsende und junge Unternehmen und erhält von ihnen dafür Anteile mit entsprechenden Informations- und Mitspracherechten. Das dafür notwendige Kapital sammeln die Fondsmanager vorher bei Unternehmen, Banken, Versicherungen, Pensionsfonds oder Privatinvestor:innen ein, um es anschließend in die verschiedenen Startups zu investieren. Ziel ist dabei eine überdurchschnittliche Rendite bei verteiltem Risiko, da in mehrere Unternehmen investiert wird. (vgl. Fueglistaller/Fust/Müller/Müller/Zellweger 2019: 235) Im Prinzip wendet ein Social-Venture-Capital-Fonds dasselbe Modell auf Sozialunternehmen an.

Spiess-Knaffl/Scheck (2020) skizzieren drei Generationen in der Entwicklung von Social-Venture-Capital-Fonds:

- In 2003 wurden in Kontinentaleuropa die ersten solcher Fonds gegründet, die, analog den klassischen Fonds, Kapital und Knowhow bereitstellten.
- Eine Weiterentwicklung in der zweiten Generation von Fonds war die zusätzliche Kombination mit Inkubations- und Acceleratorenprogrammen. In Inkubatoren wird mit Hilfe professioneller Betreuung die Geschäftsidee weiterentwickelt. In Acceleratorprogrammen konzentriert sich die Beratung auf das Wachstum und die Skalierung.
- Eine dritte Generation von Social-Venture-Capital-Fonds hat ihre Dienstleistungen nochmals erweitert und bietet auch Zugang zu Crowdfunding und Equity-Investitionen, also Eigenkapitalinvestitionen in bereits etablierte Organisationen. (vgl. Spiess-Knafl/Scheck 2020: 11)

Die BonVenture-Gruppe ist die erste Beteiligungsgesellschaft im deutschsprachigen Raum, die sich auf soziale Investments spezialisiert hat. Seit 2003 können sich Investor:innen über Fonds an sozialunternehmerischen Unternehmen beteiligen (vgl. Schwarz 2014: 53). Nach einem strukturierten Due-Diligence-Prozess, also einem wirtschaftlichen, rechtlichen, steuerlichen und finanziellen Prüfverfahren vor einem Investitionskomitee, wird in Sozialunternehmen ab einem Bedarf von € 500.000 investiert. Die soziale oder ökologische Wirkung der bereits am Markt tätigen Organisation muss dabei nachweisbar sein (vgl. BonVenture Management GmbH o. J.).

Social Impact Bonds

Ein weiteres Element des wachsenden Bereichs des wirkungsorientierten Investierens sind sog. Social Impact Bonds (SIB). Wörtlich übersetzt als „Anleihe mit sozialer Wirkung" ist damit die vertragliche Zusammenarbeit zwischen privaten und öffentlichen Partner:innen gemeint. Private Investor:innen stellen durch den Kauf der Anleihen des SIB ihr Kapital zur Verfügung. Der SIB wiederum finanziert die Aktivitäten einer Social-Entrepreneurship-Organisation. Unabhängige Evaluator:innen überprüfen die eingetretene Wirkung. Im Erfolgsfall erfolgt dann eine Rückvergütung mit Gewinnaufschlag an die sozialen Investor:innen über die öffentliche Hand, die von der Verbesserung eines gesellschaftlichen Problems durch das Social Enterprise profitiert. Werden die vereinbarten Ziele nicht erreicht, verlieren die Anleger:innen ihr eingezahltes Kapital.

> **Beispiele:**
>
> Als Beispiel wird gerne der erste dokumentierte SIB 2010 im britischen Peterborough genannt. Mit einem SIB wurde ein Social Enterprise finanziert, dessen Dienstleistung zum Ziel hatte, die Rückfallquote bei Häftlingen mit kurzen Haftstrafen zu reduzieren. Weltweit gibt es mittlerweile mehr als 60 solcher Bonds. Laut einer Evaluation von 14 Programmen haben 12 die gesetzten Ziele erreicht. (vgl. Berndt/Wirth 2018: 30)
> Das erste SIB-Projekt in Deutschland startete im Jahr 2013. Unter dem Projektnamen Eleven Augsburg, hatte es zum Ziel, mindestens 20 Jugendliche aus Augsburg, die bislang durch die Raster sämtlicher Hilfs- und Unterstützungsprogramme gefallen waren, dauerhaft in Arbeit und Ausbildung zu vermitteln. Als Investor:innen agierten u. a. die BMW-Stiftung, BonVenture und die BHF-Bank-Stiftung. Um die gestellte Aufgabe zu erfüllen, wurde die Tätigkeit von vier Sozialunternehmen finanziert (vgl. Dombrowski/Guelcibuk/Petrick 2017: 7; Petrick/Phineo gAG/Birnbaum/Bertelsmann Stiftung 2016: 34). Exakt 20 Jugendliche konnten nach Abschluss des Projekts in eine Ausbildung oder Arbeit nach den vereinbarten Kriterien vermittelt werden, so dass das Projekt für alle als Erfolg betrachtet werden konnte (vgl. Juvat gGmbH 2016: 2).
> Wichtig ist in diesem Zusammenhang noch der Hinweis, dass die Zielsetzung dieses SIBs in Augsburg auf größere gesellschaftliche Wirkung bei gleichem Mitteleinsatz ausgerichtet war, anstelle einer reinen Kostenersparnis, wie sie im angelsächsischen Raum favorisiert wird (vgl. Scheck 2017: 2).

Wie im Kapitel 3 zu Wirkung und Wirkungsmessung bereits ausführlich dargestellt, sei an dieser Stelle auf den Zusammenhang zu Kennzahlen der Wirkungsmessung als notwendig hingewiesen: Organisationen, die über Investor:innen den Zugang zu Finanzmitteln anstreben, benötigen Expertise in der Messung und Darstellung ihrer sozialen Wirkung.

Weitere Sonderformen

Im Social-Entrepreneurship-Bereich sind im Laufe der letzten Jahre noch weitere Sonderformen der Finanzierung entstanden:

- Finanzierung der Person, z. B. durch Stipendien wie bei Ashoka.
- Vertragliche Zusammenarbeit zwischen Social Enterprises und der öffentlichen Hand (Public Private Partnerships) mit Aufteilung der Ressourcen und Risiken.
- Kooperationen mit Unternehmen: Im Rahmen sogenannter philanthropischer Partnerschaften stellt ein Unternehmen finanzielle Mittel zur Verfügung für gemeinsame Aktivitäten oder integrative Partnerschaften, die für beide Seiten von strategischer Relevanz sind. (vgl. Scheck o. J.: 7)

Crowdfunding

Crowdfunding ist ebenfalls eine Sonderform der Finanzierung. Dabei wird ein Projekt oder eine Organisation von vielen einzelnen Geldgeber:innen finanziert, wobei meist kleine Beträge über Internetplattformen eingesammelt werden. So können Gelder für verschiedene Finanzierungsformen eingeworben werden, z. B. Spenden, vorweggenommener Umsatz, Eigen- und Fremdkapital.

Laut dem deutschen Entrepreneurship Monitor gibt mittlerweile jedes siebte Social Enterprise Crowdfunding als eine seiner Haupteinnahmequellen an. Vorteile des Crowdfundings sind, dass es unabhängig vom Status der Gemeinnützigkeit funktioniert und dass im Rahmen einer Crowdfunding-Kampagne gleich die Markt- bzw. Zielgruppentauglichkeit geprüft werden kann. (vgl. Hoffmann/Kiefl/Scharpe/Wunsch 2022: 57)

Nachrichtenlose Vermögenswerte

Eine weitere Sonderform der Finanzierung, die in Deutschland aktuell noch nicht umgesetzt wird, betrifft sogenannte „nachrichtenlose Vermögenswerte". Dabei handelt es sich um Bankkonten oder Wertpapierdepots, deren Eigentümer sich nicht mehr ausfindig machen lassen. Aktuell fallen diese Gelder mit einem geschätzt kumulierten Volumen von 2 bis 9 Mrd. Euro nach 30 Jahren den Banken zu. Im Social-Entrepreneurship-Sektor setzt sich z. B. SEND e.V. dafür ein, dass diese Mittel, wie in anderen Industrienationen bereits gängig, in einen Impact Fonds für Soziale Innovationen fließen sollen. Damit könnten dann z. B. Projekte zur Erreichung der 17 Ziele für nachhaltige Entwicklung oder andere soziale, kulturelle und gesellschaftliche Zwecke unterstützt werden. (vgl. Schwarz/Zubrod/Sauerhammer 2020: 13)

Auch hier ist die Dynamik im Bereich Social Entrepreneurship erkennbar, weshalb in Zukunft noch etliche Weiterentwicklungen zu erwarten sind.

Aktuelle Lage

Laut dem vierten und aktuellen Deutschen Social Entrepreneurship Monitor sind mit über 55 Prozent die **eigenen Ersparnisse** die am häufigsten genannte Finanzierungsart. Nimmt man noch die 22 Prozent der Antwortkategorie „Familien und Freund:innen" hinzu, ist der **private Kreis** die mit Abstand am häufigsten genannte Art der Finanzierung. Die **staatlichen Fördermittel** rangieren mit ca. 47 Prozent der Nennungen an zweiter Stelle, gefolgt von der **Innenfinanzierung** aus dem eigenen Cashflow, **Spenden** und der **Förderung durch Stiftungen**. **Bankdarlehen** (14,5 Prozent), **Business Angels** (9,7 Prozent), **Inkubatoren** (8,9 Prozent), **Impact Investment** (7,8 Prozent) und **Venture Capital** (3,9 Prozent) rangieren erst weiter hinten bzw. am Ende der Nennungen.

Die Häufigkeitsverteilung der Finanzierungsarten kann dahingehend interpretiert werden, dass es für Social Startups schwierig ist, Risikokapital oder klassische Finanzierungsmöglichkeiten zu akquirieren. Die eingeschränkte Gewinnausschüttung im gemeinnützigen Bereich und die oft geringeren Renditeerwartungen bei Social Enterprises sind eher unattraktiv für renditeorientiertes Kapital. Zudem wollen manche Social-Entrepreneurship-Organisationen keine Eigenkapitalbeteiligungen von außen, um einen Verkauf im Sinne eines „Exits" zu vermeiden. Ein solcher Ausstieg eines Mitinvestors, z. B. durch den Verkauf an einen anderen

Kapitalgeber, könnte die ursprüngliche gesellschaftliche Mission gefährden, wenn ein neuer Gesellschafter andere Interessen in die Organisation einbringt. (vgl. Hoffmann/Kiefl/Scharpe/Wunsch 2022: 54f.)

Social-Entrepreneurship-Organisationen stellen ihre Finanzierung in der Regel durch mehrere Einnahmequellen sicher. Dabei wird die Finanzierungsstrategie oft im Laufe der Unternehmensentwicklung geändert und an die gerade verfügbaren Möglichkeiten angepasst. Dies geschieht vor dem Hintergrund, dass viele Kapitalgeber:innen nur für einen begrenzten Zeitraum Fördermittel zur Verfügung stellen. Die Kombination mehrerer Finanzierungsoptionen sichert die Finanzierung, falls eine Finanzierungsquelle ihre Unterstützung beendet. (vgl. Gehra/Hieronymus in Druck)

Eine hilfreiche Übersicht über die möglichen Finanzierungswege je nach Lebensphase der Social-Entrepreneurship-Organisationen bietet folgende Grafik:

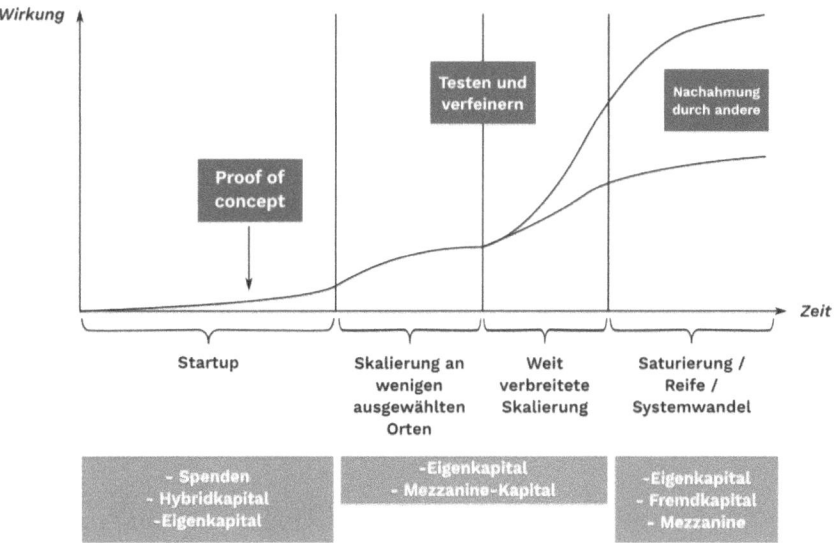

Abbildung 19: Finanzierungsformen im Zusammenhang mit Gründungsphasen. Quelle: Scheck o. J.: 3.

Letzen Endes bedeutet die Frage der Finanzierung auch oder gerade bei Social-Entrepreneurship-Organisationen eine intensive Beschäftigung mit den verschiedenen Möglichkeiten. Dementsprechend benötigt das Erschließen adäquater Geldquellen einiges an Zeit, Recherche und Zuhilfenahme von Beratung. Sind passende und potenzielle Geldgeber:innen, private wie öffentliche, gefunden, ist noch ein nicht zu unterschätzender Aufwand damit verbunden, die jeweiligen Antragsformulare auszufüllen oder Pitches in Form von Bewerbungsgesprächen zu absolvieren sowie die dazugehörenden Verträge zu vereinbaren, bis die Fördergelder fließen können. Je nach Höhe, Art und Finanzierungspartner:in müssen dafür einige Monate einkalkuliert werden. Ein gründliches Vorgehen zahlt sich an dieser Stelle aus, da die Finanzierung strategischen Charakter für das Überleben der Organisation hat. Weitere Informationen zur Beratungscommunity sind im Kapitel 9 zum Social-Entrepreneurship-Ökosystem zu finden.

> Reflexionsfragen:
>
> 1. Was ist der Unterschied zwischen Innen- und Außenfinanzierung und welche Finanzierungsquellen sind damit verbunden?
> 2. Welche Herausforderungen bestehen bei der Finanzierung von Social Enterprises?
> 3. Welche Möglichkeiten des wirkungsorientierten Investierens gibt es?
> 4. Was sind nachrichtenlose Vermögenswerte?
> 5. Über welche Wege finanzieren sich Social Entrepreneurs aktuell?

Nach der monetären Betrachtung, die eine innere und äußere Perspektive beinhaltet, geht der Blick als nächstes ganz nach innen auf das Personal. Sozialunternehmer:innen in Unternehmen, sogenannte Social Intrapreneurs stehen im folgenden Kapitel im Fokus.

6. Social Intrapreneurship

Social-Entrepreneurship-Initiativen können auf zweierlei Art realisiert werden: zum einen, wie bisher beschrieben, durch die Gründung einer Organisation – mit entsprechendem Risiko, dem Problem der Ressourcenmobilisierung und einer längeren Wachstumsphase. Zum anderen durch die Initiierung von Social-Entrepreneurship-Projekten innerhalb von bereits bestehenden Organisationen, Social Intrapreneurship genannt. (vgl. Sailer/Notz/Planck 2021: 140; vgl. Schröer/Mildenberger 2014: 99)

Intrapreneurship: Geschichte und Begriffsklärung

Die Innovationskraft, die einem Entrepreneur, ausgehend von seiner Kreativität und dem umsetzenden Handeln, zugeschrieben wird, wird beim Konzept des Intrapreneurships auf den sogenannten Intrapreneur übertragen.

Gifford Pinchot gilt als Begründer des Begriffs „Intrapreneur", einer Zusammensetzung aus „Intracorporate" und „Entrepreneur". Bereits 1978 haben er und seine Frau Elizabeth Pinchot nach einem Besuch der School for Entrepreneurs in New York erste Gedanken zu einem „Intra Corporate Entrepreneur" skizziert. 1982 erschien dann ein Artikel in The Economist, in dem Norman Macrae die Prägung des Worts „Intrapreneur" jenem Gifford Pinchot zuschrieb (vgl. SustainAbility 2008: 28). In seinem aus dem Jahr 1985 stammenden Buch mit dem Titel „Intrapreneuring. Why You Don't Have to Leave the Corporation to Become an Entrepreneur" erstellt Pinchot schließlich das Konzept eines Entrepreneurs innerhalb der Grenzen einer bestehenden Organisation. (vgl. Pinchot 1985: xii)

Wie ein Entrepreneur erkennt auch der Intrapreneur neue Geschäftsmöglichkeiten, nimmt dabei Risiken in Kauf, kombiniert auf innovative Art und Weise Produktionsfaktoren und verhält sich funktional wie ein:e Unternehmer:in in der Organisation, der er angehört. Im Unterschied zum Entrepreneur agiert der Intrapreneur in einer bestehenden Organisation, wodurch Chancen, aber auch Risiken für die Umsetzung seiner Ideen bestehen. Zum einen kann ein Intrapreneur auf die vorhandenen Ressourcen, wie Wissen, Kund:innen, Material, usw. zurückgreifen, gleichzeitig bedeutet dies unter Umständen aber auch eine Restriktion, da erst interne Widerstände für den Zugang zu diesen Ressourcen überwunden werden müssen. Einerseits erhält ein Intrapreneur Feedback von den Vorgesetzten und Kolleg:innen, andererseits muss er seine Ideen und sein Vorgehen dadurch aber auch ständig rechtfertigen. Einerseits stehen finanzielle Mittel der vorhandenen Organisation für einen Intrapreneur leichter zu Verfügung, andererseits muss er interne Barrieren überwinden, um diese zu erhalten. Somit gibt es Gemeinsamkeiten mit dem Konzept des Entrepreneurs, aber auch Spezifika eines Unternehmers in einem Unternehmen. (vgl. Schießl 2015: 24f.)

Dabei beschränkt sich das Konzept Intrapreneurship nicht nur auf Ausgründungen, in Form von neugegründeten Tochterunternehmen, auch „spin offs" genannt, sondern bezieht Innovationen, wie die interne Entwicklung neuer Produkte,

Dienstleistungen, Technologien, administrative Vorgänge und Strategien, also Prozessinnovationen, mit ein (vgl. Schmitz/Schröer 2019: 77).

Intrapreneurship hat als oberstes Ziel die Förderung der Innovationsfähigkeit von bestehenden Organisationen mittels der Unterstützung des unternehmerischen Denkens und Handelns in der Belegschaft (vgl. Schießl 2015: 16). Als Unternehmer:in und gleichzeitig Mitarbeiter:in in einem etablierten Organisationsumfeld gilt es innovative Ideen, intrinsisch motiviert auch gegen interne Widerstände, innerhalb der Organisation umzusetzen. Die Zugehörigkeit zur Führungsebene oder zu einer Abteilung für Forschung und Entwicklung ist dabei irrelevant. Alle Teile der Organisation und alle Hierarchiestufen sind mit einbezogen. (vgl. Schießl 2015: 18f.)

Social Intrapreneurship: Geschichte und Begriffsklärung

Erst um das Jahr 2000 herum erfährt der Begriff „Intrapreneur" mit dem Präfix „Social" eine Erweiterung um eine ethische Zielsetzung und das gesellschaftliche Verantwortungsbewusstsein der Unternehmen (vgl. Gehra/Hoffmann 2022: 43). Social Intrapreneurship gilt als praxisnäherer Begriff als das ursprüngliche und wissenschaftliche Synonym „Corporate Social Entrepreneurship" (vgl. Gehra/Hoffmann 2022: 43). Unternehmer:innen, die in einer bestehenden Organisation arbeiten und sich dort für die Entwicklung und Verbreitung von Lösungen einsetzen, die soziale Probleme adressieren, werden als Social Intrapreneurs bezeichnet. Seit 2012 fördert Ashoka neben Social Entrepreneurs auch Social Intrapreneurs finanziell und mit dem Zugang zu seinem Netzwerk. (vgl. Schröer/Mildenberger 2014: 98)

Eine einheitliche Definition von Social Intrapreneurship gibt es bisher nicht (vgl. Gehra/Hoffmann 2022: 44), daher erfolgt im Folgenden eine Skizzierung der wesentlichen Aspekte. Schmitz und Schröer sehen die Hauptaufgabe von Social Intrapreneurs darin, sozial-ökologische Innovationen innerhalb von etablierten Organisationen voranzubringen und zu etablieren (vgl. Schmitz/Schröer 2019: 77). Dabei hinterfragen sie den Status Quo und nutzen ihre Stellung und das Potenzial der Organisation, um wirtschaftlich tragbare und gesellschaftlich nachhaltige Lösungen umzusetzen. Im Unterschied zu Social Entrepreneurs können Social Intrapreneurs auf die vorhandene Infrastruktur aufbauen, um in einem potenziell größeren Maßstab sozialen Mehrwert zu schaffen (vgl. Bidardel 2019: 41). Die vorhandenen Ressourcen bieten oft gute Voraussetzungen, um innovative Lösungen auszuprobieren (vgl. Stiftung Mercator GmbH 2012: 10).

Chancen und Risiken für Social Intrapreneurs

Als Antrieb für die Suche nach sozial-ökologisch orientierten Geschäftsmodellen durch Unternehmen machen Schmitz und Schröer einerseits „moralisch" eingestellte Konsument:innen und andererseits gesellschaftliche Probleme, wie den Klimawandel, die Verfestigung von Armut oder die Zunahme von Krankheiten aus. Vor diesem Hintergrund gelten Social Intrapreneurs als besonders wertvolle und damit unterstützungs- und förderungswürdige Mitarbeitende. Social Intrapreneurs werden folglich als „Social Entrepreneurs Plus" bezeichnet. Das Plus bezeichnet ihre Fähigkeiten im Umgang mit den organisationalen Veränderungsprozessen. (vgl. Schmitz/Schröer 2019: 78)

Andererseits werden Innovationen und Neuerungen nicht immer auf allen Ebenen eines Unternehmens begrüßt. Während Entrepreneurs, egal ob social oder commercial, zum Teil erhebliche Wagnisse finanzieller Art eingehen, um ihre Unternehmungen zu finanzieren, liegen die Risiken für (Social) Intrapreneurs also darin, bei Beförderungen und Gehaltserhöhungen den Kürzeren zu ziehen oder im schlimmsten Fall sogar ihren Arbeitsplatz zu verlieren. (vgl. SustainAbility 2008: 13)

Voraussetzungen für Social Intrapreneurship

Social Intrapreneurship zielt darauf ab, dass Mitarbeitende aus allen Hierarchieebenen durch unternehmerisches Verhalten in größeren und etablierten Organisationen neue Lösungen für soziale und ökologische Probleme finden und diese aktiv innerhalb der Organisation umsetzen. Somit schaffen sie gesellschaftlichen und ökonomischen Mehrwert. Das Spektrum reicht dabei von nachhaltigen Produkten und Dienstleistungen für einkommensschwache Bevölkerungsgruppen über die Optimierung von klima- und ressourcenabhängigen Prozessen bis hin zur Beseitigung von Ungleichheiten und Ungerechtigkeiten gegenüber bestimmten Bevölkerungsgruppen. (vgl. Bidardel 2019: 41)

> Um derartige Projekte in Organisationen zu initiieren und durchzuführen, kann ein Kompetenzprofil für Social Intrapreneurs wie folgt charakterisiert werden:
> 1. Social Intrapreneurs haben eine soziale Mission als Zielorientierung, mittels derer sie gesellschaftlichen Wandel anstreben.
> 2. Sie sind bei ihrem Streben nach Neuerung geprägt von Innovationsfreudigkeit, Lernbereitschaft und der Suche nach Gelegenheiten und Chancen.
> 3. Sie verfügen über Leidenschaft für die Sache, Ungeduld, ein hohes Motivationsniveau, Beharrlichkeit, Risikobereitschaft, Handlungsorientierung und den Willen, etwas zu erreichen. Das charakterisiert sie als tendenziell getriebene und rastlose Akteur:innen.
> 4. Ihre hohe Beziehungsorientierung im Sinne einer Orientierung an Menschen, Empathie, Kommunikationsgeschick, gutes Zuhören, Netzwerken und Motivations- sowie Kollaborationsfähigkeit ermöglichen die Umsetzung der sozialen Mission innerhalb der Organisation.
> 5. Ihre Wissbegierde und die Vernetzung mit vorhandenem Wissen ermöglicht das Überschreiten von Wissenssilos und ein ganzheitliches Agieren.
> 6. Ihr betriebswirtschaftliches Denken ermöglicht Ressourcen-, Ergebnis- und Zielorientierung.
> 7. Sie agieren der Organisation, der sie angehören, gegenüber loyal, in dem Wissen darüber, dass sie ihr Anliegen innerhalb von etablierten Strukturen wirkungsvoller umsetzen können.
> 8. Als Grenzgänger:innen zwischen verschiedenen institutionellen und thematischen Welten bringen sie so etwas wie eine Außenstehenden-Perspektive als Inspiration für Neuerungen und Neukombinationen mit ein.

> 9. Nicht zuletzt weisen sie Resistenz gegen Widerstand auf. Beharrlich widerstehen sie der Skepsis von Kolleg:innen und organisationalen Barrieren. (vgl. Schmitz/Schröer 2019: 77f.)

Dabei kann Social Intrapreneurship, wie beispielsweise bei Fuchs (vgl. Fuchs 2014: 90), als Entstehungsort für soziale Innovationen aus etablierten Trägerorganisationen der klassischen Wohlfahrt heraus verortet werden. Auch aus primär gewinnorientierten Konzernen heraus haben sozialunternehmerische Persönlichkeiten gesellschaftlich relevante Lösungen geschaffen. (vgl. Bidardel 2019: 42; und SustainAbility 2008; und Grayson/McLaren/Spitzeck 2014: 5) Demzufolge sind Social Intrapreneure sowohl in kommerziellen als auch in Gemeinwohl orientierten Organisationen zu finden.

> **Beispiele:**
>
> Beispielsweise hat Dan Vermeer als Mitarbeiter von Coca-Cola die Global Water Initiative entwickelt, die sich für Lösungsansätze gegenüber der globalen Wasserknappheit einsetzt. Nick Hughes und Susie Lonie schufen als Mitarbeitende von Vodafone zusammen mit ihrer Organisation und lokalen Partner:innen die per Handy und bargeldlos funktionierende Zahlungsverkehrslösung M-PESA in Kenia, durch die vielen Bewohnern ein sicherer und erstmaliger Zugang zum Finanzsystem ermöglicht wurde. (vgl. Bidardel 2019: 42; siehe auch SustainAbility 2008: 6f.).

Nach einer Charakterisierung von Social Intrapreneurship stellt sich nun die Frage, wie dieses Phänomen in Organisationen gefördert und umgesetzt werden kann.

Organisationsinterne Förderung und Umsetzung von Social Intrapreneurship

Vor dem Hintergrund zunehmender gesellschaftlicher Ansprüche an Unternehmen stellt Social Intrapreneurship ein Wegweiser hin zu deren Zukunftsfähigkeit dar (vgl. Gehra/Hoffmann 2022: 43). Wie bereits angemerkt, wird Social Intrapreneurs ein unschätzbarer Wert für die Unternehmen zugeschrieben (vgl. SustainAbility 2008: 2) und sie gelten als besonders wertvolle Spezies (vgl. Schmitz/Schröer 2019: 78). Daher stellt sich die Frage, wie eine Förderung und Umsetzung von Social Intrapreneurship in Organisationen aussehen kann, damit die Akteur:innen ihre Potenziale entfalten können.

Auf organisationaler Ebene ist eine Stärkung des Innovationsklimas durch entsprechend förderliche Governance- und Kommunikationsstrukturen vonnöten. Grayson et al. (2014) sehen Ansatzpunkte bei der Organisationskultur, dem Personalmanagement, der Führung, bei den Ressourcen, den internen Prozessen, der Strategie und dem Umfeld (vgl. Grayson/McLaren/Spitzeck 2014: 103ff.).

Interne Innovationsfonds, deren Mittel auf Bewerbung hin vergeben werden, gelten als eine konkrete Fördermaßnahme, um im eigenen Haus innovative Lösungen zu entwickeln und umzusetzen. (vgl. Stiftung Mercator GmbH 2012: 10)

Verschiedene Umsetzungsmodelle und Innovationslabore werden im Folgenden als Beispiele für Förderkonzepte von Social Intrapreneurship vorgestellt.

Innovationslabore

Innovationen entstehen oft unerwartet in zeitlicher und räumlicher Hinsicht. Daher und nicht zuletzt aufgrund des Risikos zu scheitern sind Innovationsprozesse nur begrenzt planbar, komplex und daher von der Managementebene mit Skepsis beäugt. Um diese Unsicherheit zu überwinden, plädiert Schröer für die Schaffung von Räumen und Zeiten für die Mitarbeitenden. In diesem Rahmen soll die Wahrscheinlichkeit erhöht werden, dass unter Zuhilfenahme methodischer Unterstützung neue Lösungsansätze mit gesellschaftlicher Relevanz gefunden werden. Als Räume dienen beispielsweise sogenannte Soziale Innovationslabore. Im Unterschied zu rein internen Forschungs- und Entwicklungsabteilungen agieren interdisziplinäre, also abteilungsübergreifende Teams von Mitarbeitenden in co-kreativen Prozessen zusammen mit organisationsübergreifenden Akteur:innen, wie Kund:innen, Nutzer:innen oder Lieferant:innen. Die Heterogenität der Wissenshintergründe der Akteur:innen soll dabei die Kreativität erhöhen. Die anschließende und durchaus herausfordernde Aufgabe ist dann, die Ergebnisse und Erkenntnisse der Arbeiten im Labor in der operativen Praxis der Organisation zu implementieren bzw. diese umzugestalten. (vgl. Schröer 2021: 12)

> Ein Beispiel für ein solches Labor ist das INTRAlab in Darmstadt, eine Initiative von Mission Leben, einem diakonischen Dienstleister. Social Intrapreneurs werden dort durch Qualifizierung, Schaffung von kreativen und kollaborativen Räumen und gezielte Vernetzung mit Expert:innen und Investor:innen dabei unterstützt, gesellschaftlich relevante Problemlösungen zu erarbeiten. (vgl. Schröer 2018: 22)
> Im Rahmen eines personenzentrierten Ansatzes sollten Social Intrapreneurs hier neue Geschäftsmodelle entwerfen und zu einem Kulturwandel in der Organisation Mission Leben beitragen. Unternehmerisches Handeln im Sinne von Eigeninitiative, kreativem Umgang mit bestehenden Ressourcen, Erschließen neuer und ungenutzter Ressourcen bis hin zur Entwicklung von Lösungsansätzen sollte gestärkt werden. Der Ansatz ist ein Bottom-Up-Prozess, der zwar von der Geschäftsführung mitinitiiert wurde, aber auf die Stärkung der Mitarbeitenden in der Lösungsentwicklung setzt.
> Unabhängig von Position und Tätigkeit konnten sich die Mitarbeitenden mit ihren ersten Ideen für die Teilnahme am Labor bewerben. Expert:innen für Soziales Unternehmertum wählten in einem eintägigen Assessment-Workshop die Teilnehmenden anhand ihrer Ideen und ihres unternehmerischen Potenzials aus.
> Im Rahmen von zehn Workshop-Tagen erhielten die Teilnehmenden inhaltliche und methodische Inputs, wie Design Thinking oder Business Planing und Netzwerktreffen mit Sozialunternehmer:innn und Investor:innen von Stiftungen und Banken. In weiteren zehn Tagen konnten die Teilnehmenden im Labor an ihren Konzepten und Geschäftsmodellen feilen. Am Projektende nach 12 Monaten stellten die Teams vor der Geschäftsführung und einer Jury aus verschiedenen Expert:innen für Innovation ihre Konzepte vor. Zwei Projekte wurden ausgewählt und mittels einer Anschubfinanzierung in der Organisation implementiert. (vgl. Schröer/Händel 2020: 192ff.)

Die Ergebnisse der Begleitforschung zum oben genannten Beispiel belegen die Zielerreichung des Labors. Innovative Geschäftsmodelle wurden entwickelt und Lernprozesse haben auf den Ebenen der Individuen, der Teams und der Organisation stattgefunden. Gleichzeitig werden aber auch Hürden im Verhältnis zwischen Organisation und Labor sichtbar. Konvergente Faktoren, die Intrapreneurship fördern, sind die hohe Identifikation der Teilnehmenden mit dem Labor, die Verfügbarkeit zeitlicher und finanzieller Ressourcen für die dortige Arbeit, der externe Expert:innen-Input durch Kooperationen mit Partner:innen, die gute Zusammenarbeit in den Teams und die Nähe zu Klient:innenbedarfen. Divergent und damit tendenziell dagegen wirken die als gering wahrgenommene Anerkennung für das Engagement im Labor, fehlende Transparenz und die ungenügende Beteiligung des mittleren Managements. (vgl. Schröer/Händel 2020: 199f.)

In einer weiteren Untersuchung werden diese Erkenntnisse ergänzt. Social Intrapreneurship findet zwar im Spannungsfeld zwischen Labor und Organisation statt. Darüber hinaus aber erfolgt ein wesentlicher Teil der Intrapreneurship-Aktivitäten in der Implementierung der entwickelten Projekte und Geschäftsmodelle in der Organisation selbst. An bestimmten Punkten im gesamten Intrapreneurship-Prozess ist Unterstützung durch die Organisation ein wesentlicher Erfolgsfaktor. Für die Lernprozesse der Teilnehmenden im Labor, das als Ort der Ermöglichung gesehen wird, um Innovationen zu entwickeln und auszuprobieren, ist die Unterstützung der Organisation hilfreich. Unbedingt notwendig und unverzichtbar ist der Rückhalt vonseiten der Organisation, wenn die erarbeiteten Neuerungen umgesetzt werden sollen. Um Social Intrapreneurship über die Laborgrenzen und über das laborhafte Lernen hinaus wirksam zu gestalten, ist die Einbindung der Organisation unbedingt notwendig. (vgl. Rosenow-Gerhard/Händel 2021: 241f.)

Umsetzungsmodelle

Neue Geschäftsmodelle, die dem Experimentiercharakter eines Labors bereits entwachsen sind, können in unterschiedlicher Form in der Organisation weiterentwickelt und umgesetzt werden. Als Umsetzungsmodelle gelten drei Varianten, mit den Metaphern Insel, Brücke und Symbiose bezeichnet, als zielführend. Dabei hat die Organisation noch die Funktion eines Inkubators. Wie unter dem wärmenden Schutz eines Brutkastens kann sich das noch neue Geschäftsmodell hier entfalten und aus einer Nische herauswachsen.

- Das **Insel-Modell** bedeutet, dass eine neue Geschäftsidee wie ein Startup außerhalb und losgelöst vom operativen Kerngeschäft in einer eigenen, kleinen Organisation weiterentwickelt wird. Finanziert werden diese Inseln von Corporate Venture Capital Fonds oder Sozialfonds der dahinterstehenden größeren Organisation. Als Vorteil gilt das größere Maß an Freiheit und Schnelligkeit abseits des Mainstreams. Ein potenzieller Nachteil könnten die unterschiedlichen Prozesse, Kulturen und Visionen der Startup-Organisation und der etablierten Organisation bei einer späteren Integration sein.
- Das **Brückenmodell** beinhaltet mehrere, lose Verbindungen zur Herkunftsorganisation. Die innovativen Geschäftseinheiten haben mehr Freiheiten als norma-

le Abteilungen und können über Kapital hinaus auf weitere Ressourcen, wie Markenname, Personal oder Kund:innen zugreifen.
- Ein noch enger verbundener Ansatz zwischen einer Social-Intrapreneurship-Initiative und der etablierten Organisation ist der **symbiotische Ansatz**. Hier wird das neue Projekt direkt im Hauptgeschäftsmodell implementiert. Ein Vorteil scheint die direkte und damit größere Wirkung in die Organisation hinein zu sein und die Möglichkeit, diese mit einem neuen Ansatz zu „infizieren" und dadurch zu verändern. Dem entgegen steht das größere Risiko des Scheiterns aufgrund der internen Widerstände, das dann in der Öffentlichkeit der gesamten Organisation geschieht. (vgl. SustainAbility 2008: 47f.)

Zusammenfassend lässt sich sagen, dass die Berücksichtigung von Social Intrapreneurs, sowohl in Sozialunternehmen als auch in gewinnorientierten Organisationen, einen großen Hebel darstellen kann, soziale Innovationen zu fördern und umzusetzen. Allerdings sind dafür entsprechende Strukturen, Labore oder Experimentierfelder in den Organisationen nötig.

> **Reflexionsfragen:**
>
> 1. Was ist ein Intrapreneur?
> 2. Was charakterisiert einen Social Intrapreneur?
> 3. Wie sieht ein Kompetenzprofil eines Social Intrapreneurs aus?
> 4. Wie kann Social Intrapreneurship in Organisationen gefördert und umgesetzt werden?
> 5. Welche Umsetzungsmodelle gibt es?

Social Intrapreneurship und Social Entrepreneurship entstehen nicht aus dem Nichts heraus, sondern lassen sich lehren. Das nächste Kapitel befasst sich mit verschiedenen Formen der Social Entrepreneurship Education.

7. Social Entrepreneurship Education

Auch im Bereich der Lehre spielt Social Entrepreneurship eine immer größere Rolle. Unter dem Begriff „Social Entrepreneurship Education" finden sich verschiedene Angebote an Schulen und Hochschulen, über die nun ein Überblick gegeben werden soll. Anschließend folgt ein Modell, wie Social Entrepreneurship Education umgesetzt werden kann.

Social Entrepreneurship Education gilt als Teilgebiet der allgemeinen Entrepreneurship Education. Diese ist ein Fachgebiet, das die Aus- und Weiterbildung von Persönlichkeiten sowie die Entwicklung von Handlungsfähigkeiten für die unternehmerische Selbstständigkeit verfolgt. Weiterhin ist Entrepreneurship Education ein pädagogischer und prozessorientierter Ansatz, bei dem für Schüler:innen und Studierende die Entwicklung von eigenen Ideen und Projekten sowie das Lernen durch die dadurch gewonnenen Erkenntnisse im Fokus stehen. (vgl. Schwarz 2014, S. 229f.)

Der Hauptbeweggrund der spezielleren Social Entrepreneurship Education ist dabei das Lösen von Gesellschaftsproblemen. So beziehen sich die Bildungsmethoden auf das Sozialengagement von Menschen. Angestrebt wird die Förderung des sozialunternehmerischen Denkens und Handelns und somit eine Beteiligung am Lösen von Gesellschaftsproblematiken. Nicht die Gründung und Initiierung eines Unternehmens, dessen Ziel die Gewinnmaximierung ist, steht im Fokus, sondern die Förderung von sozialunternehmerischen und Gesellschaftskompetenzen. Persönlichkeiten, die sozialunternehmerische Kompetenzen aufweisen, setzen Konzepte zur Lösung gesellschaftlicher Herausforderungen um. Bürger:innen mit Gesellschaftskompetenz gestalten partizipatorisch die Gemeinschaft sowie Zivilgesellschaft. (vgl. Schwarz 2014, S. 229f.)

Laut David Bornstein (vgl. Bornstein 2010: 86) wurde 1994 an der Harvard Universität der erste Kurs in Social Entrepreneurship gegeben. 2010 sollen es bereits 350 Professor:innen in 35 Ländern gewesen sein, die solche Kurse lehrten. Auch in Deutschland ist seit den 1990er Jahren eine Zunahme von Lehrangeboten zum Thema Entrepreneurship zu verzeichnen. (vgl. Schwarz 2014: 35)

Social Entrepreneurship Education an Hochschulen

Insgesamt geschieht die Vermittlung von Wissen über Social Entrepreneurship meist auf Hochschulebene, bspw. über die SEA in München. Diese bietet ein vielfältiges Programm an Kursen an, ebenso wie The Do School in Hamburg, die ein internationales, einjähriges „Entrepreneurship For Good"-Programm für angehende Sozialunternehmer:innen ausrichtet (vgl. Akerboom 2017).

Gibt man auf der Website www.hochschulkompass.de das Stichwort „Social Entrepreneurship" ein, erscheinen immerhin neun grundständige bzw. weiterführende Studiengänge in Deutschland, die diese Thematik im Lehrplan beinhalten. Für das Stichwort „Soziale Innovationen" sind es zwei Treffer. (siehe Kapitel 9 zu Social-Entrepreneurship-Ökosystem)

Viele Universitäten in Deutschland haben mittlerweile spezielle Programme aufgesetzt, um die Gründung von Unternehmen aus dem Hochschulumfeld heraus zu fördern. Je nach Hochschule können diese Programme inhaltlich und methodisch stark voneinander abweichen und nicht immer liegt der Hauptfokus dabei auf der Gründung eines eigenen Unternehmens. Vielmehr wird eine Verknüpfung von theoretischem Wissen und praktischer Anwendung angestrebt, wodurch Studierende für das Thema sensibilisiert und motiviert werden sollen (vgl. Schwarz 2014: 35). Dabei sollen aktive Lernformen, wie Fallstudien, Projektseminare, Simulationen von Unternehmer:innen-Aufgaben und Planspiele, die gestalterische Aktivität der Studierenden fördern. Wenn auch vieles erst in der unternehmerischen Praxis erlernbar ist, kann eine praxisnahe Ausbildung mit vielen Gestaltungsfreiräumen dennoch eine hilfreiche Grundlage für potenzielle Gründer:innen sein. (vgl. Klandt 2018, 69)

Das Angebotsspektrum an den Hochschulen erstreckt sich neben speziellen Social-Entrepreneurship-Programmen aber auch über die Fachbereiche hinweg. Anders als die allgemeine Gründerlehre bietet eine interdisziplinäre Ausrichtung ein sehr viel größeres Spektrum an gesellschaftlichen und sozialen Themenfeldern. Im Mittelpunkt solcher Initiativen stehen nicht nur eine sozialunternehmerische Förderung, sondern auch das wissenschaftliche Arbeiten und der Aufbau von Netzwerken. (vgl. Schwarz 2014: 240)

Social-Entrepreneurship-Education-Initiativen

Neben den universitären Angeboten gibt es weitere Inkubatoren, wie das Social Impact Lab der Social Impact gGmbH. Dieses bietet sozial-innovativen Gründer:innen professionelle Gründungsunterstützung an, darunter Workshops, Coaching, Mentoring und einen Co-Working-Arbeitsplatz (vgl. Akerboom 2017). Auch bei Online-Kurs-Anbietern wie Coursera und NovoEd finden sich Angebote rund um das Thema Social Entrepreneurship.

Verschiedene Initiativen, wie das Network für Teaching Entrepreneurship (www.nfte.de), Youth Start (www.youthstart.eu/de) oder die ALMSE-Akademie (www.almse-akademie.de) setzen sich dafür ein, dass Entrepreneurship bzw. Social Entrepreneurship bereits in der Schulausbildung verankert wird. In deutschen Lehrplänen ist bislang vergleichsweise wenig zu Social Entrepreneurship zu finden. Andere Länder scheinen hier schon weiter zu sein, was an Beispielen wie InspirEngage International aus England mit Angeboten für Grund- und Sekundarschulen oder dem Programm „Social Enterprise in Education" der Social Entrepreneurship Academy in Schottland deutlich wird. Letzteres wurde auch in Australien und Südafrika pilotiert (vgl. Akerboom 2017).

Darüber hinaus haben sich mehrere Initiativen zum Ziel gesetzt, die Bildung in wirtschaftlichen und unternehmerischen Grundlagen auch in Deutschland zu fördern. Hier sind das Bundeswirtschaftsministerium und verschiedene Partner:innen mit der Online-Initiative „Unternehmergeist in die Schulen" ebenso zu nennen, wie die Jugendinitiative „Changemaker School" von Ashoka Deutschland. Neben der Vorbereitung junger Menschen auf immer größere gesellschaftliche und ökologische Herausforderungen, die nachhaltige Strategien und innovative Lösungen benötigen, zielen die genannten Initiativen darauf ab, Fähigkeiten und Kompetenzen wie Problemlösekompetenz, Kreativität, Flexibilität, Empathie und Gestaltungswillen zu fördern. (vgl. Akerboom 2017)

Beispielhaftes Bildungskonzept

Kurse, um (Social) Entrepreneurship zielgruppengerecht mit entsprechenden Inhalten und Methoden zu vermitteln, benötigen eine konzeptionelle Grundlage. Im Folgenden soll daher ein mögliches Bildungskonzept zu (Social) Entrepreneurship Education an Schulen und Hochschulen aufgezeigt werden.

Ein umfassendes Modell, das drei Ebenen beinhaltet, stellt das sog. Trio-Modell dar:

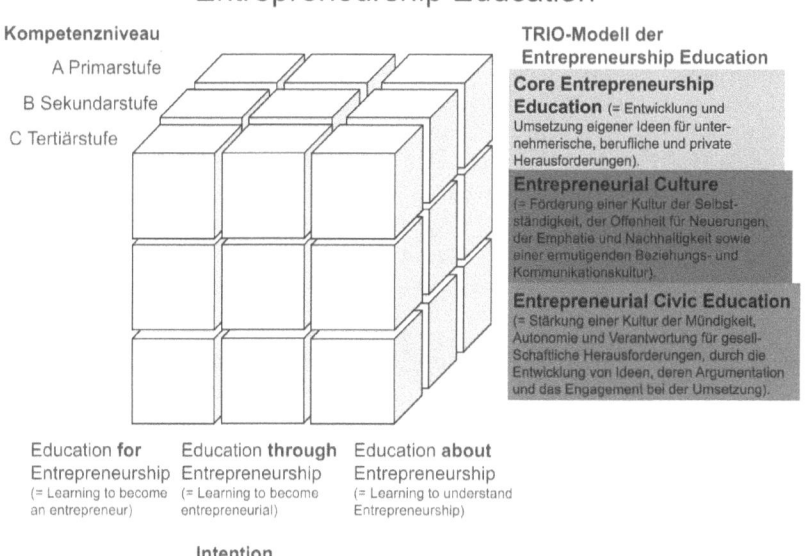

Abbildung 20: Das Trio-Modell der Entrepreneurship Education. Quelle: Lindner 2018: 414.

Als erstes wird das Kompetenzniveau der Lernenden in die Stufen A für eine **Primarstufe** bzw. für Anfänger:innen, B für eine **Sekundarstufe** und C für eine **Tertiärstufe** eingeteilt. Erstere lernen elementare, die Fortgeschrittenen (B) selbstständige und die Gruppe C kompetente Entrepreneurship-Anwendungen. Dies bietet eine erste Hilfestellung und Orientierung bei der Erstellung von Lehrplänen und Entwicklung von Lehr-Lern-Arrangements.

Weiterhin werden drei verschiedene Intentionen unterschieden:

- Education *for* Entrepreneurship = learning to become an entrepreneur

Das Umsetzen einer Idee bis zur Gründung eines Unternehmens steht im Zentrum, d. h. die Fertigkeit und die Fähigkeit.

- Education *through* Entrepreneurship = learning to become entrepreneurial
  Die Stärkung des „Entrepreneurial Mindsets" (insbesondere der Fähigkeit) wird betont, d. h. die grundsätzliche Neigung, „etwas zu unternehmen".

- Education *about* Entrepreneurship = learning to understand entrepreneurship
  Die Lernaktivitäten zielen darauf ab, ein Verständnis für Unternehmen zu entwickeln, wobei hier vor allem die Zusammenhänge betont werden (insbesondere das Wissen).

Diese Einteilung hat grundsätzliche Entscheidungen zur inhaltlichen Vermittlung von verschiedenen Entrepreneurship-Kompetenzen und den entsprechenden Zielgruppen zur Folge. Dementsprechend lassen sich verschiedene Entrepreneurship-Programme, z. B. für Schüler:innen, Studierende, Gründungsberater:innen und Dozierende, je nach Vorerfahrung und Lernziel, gestalten.

Als dritte Perspektive beinhaltet das Trio-Modell die unternehmerische Ebene im engeren Sinne bis hin zu den Eigenschaften eines gesellschaftlich initiativen Staatsbürgers bzw. einer Staatsbürgerin. Die sogenannte **Core-Entrepreneurship Education** vermittelt Kompetenzen, um Ideen im beruflichen und privaten Kontext zu entwickeln und umzusetzen. Das **Entrepreneurial Culture** vermittelt ein unternehmerisches Mindset in Bezug auf Offenheit gegenüber Neuerungen, Selbstständigkeit, Empathie und Nachhaltigkeit. Die **Entrepreneurial Civic Education** bezieht sich auf die Stärkung einer Kultur der Mündigkeit, Autonomie und Verantwortung für gesellschaftliche Herausforderungen und ist damit besonders anschlussfähig an Belange des Social Entrepreneurships. (vgl. Lindner 2018: 409ff.)

Insgesamt bietet das Trio-Modell durch seine Dreidimensionalität einen umfassenden und gleichzeitig differenzierten Aufbau, um (Social) Entrepreneurship Education Programme oder Curricula zielgruppenorientiert an Schulen oder Hochschulen zu konzipieren. Gleichzeitig ermöglicht es Lernenden, die Inhalte von angebotenen Kursen einzuordnen.

Zum Abschluss sei hier noch eine Anekdote von Günter Faltin zitiert, die die Motivation auf unternehmerisches Handeln durch selbstbestimmtes Lernen, im Sinne des selbst Ausprobierens, eindrucksvoll veranschaulicht:

> **Beispiel:**
>
> „Nichts, auch nichts entfernt Vergleichbares hat sich positiver auf die Persönlichkeit meiner Studenten ausgewirkt als die Aufnahme der Spur, Entrepreneur zu werden. Der Prozess kann sogar im Einzelnen beschrieben werden. Es fängt damit an, dass der Betreffende fokussiert: Bei mir selbst, mit meiner Idee für eine Teekampagne, war es, dass ich plötzlich einen „Teeblick" bekam. Ohne mich irgendwie anstrengen zu müssen, nahm ich alles auf – und zwar begierig – was mit Tee zu tun hatte. In einer Ladenzeile blieb mein Blick an Teegeschäften hängen, wie automatisch, ich studierte die Auslagen wie ein Kind und nahm ganz nebenbei viele Details wahr, gewann zügig Kenntnisse, ja sogar Spezialwissen. Kein Tee-Kurs, keine noch so anschauliche Lernsequenz hätte effektiver

sein können. Plötzlich erhält die eigene Aufmerksamkeit eine Richtung, einen Sinn. Das gleiche Phänomen beobachte ich bei meinen Studenten. Aus der Unbestimmtheit der Studentenexistenz entsteht plötzlich ein zielgerichtetes Schauen, ein nachhaltiges Interesse an einem Gegenstand. Die Fokussierung scheint nicht mit dem üblichen Pflichtenkatalog des Studiums zu konkurrieren, sondern eher mit dem Zeitvertreib. Wo andere Jugendliche oder Erwachsene ihre Zeit mit Nebensächlichem verbringen, gestalten auf den Geschmack gekommene Entrepreneurs ihre ökonomische Zukunft. Und dies nicht, weil ein moralisierender Vater oder eine andere Autorität dies erzwingen möchte, sondern wie von selbst. ‚Selfdirected learning', sagen die moderneren Pädagogen, ohne es meist selbst bei ihrer Klientel wirklich in Gang zu bringen. Unsere Gesellschaft braucht unternehmerische Initiativen, die nicht nur immer neue Bedürfnisse aus uns herauskitzeln, sondern auf vorhandene Probleme mit ökonomischer, sozialer und künstlerischer Phantasie antworten." (Faltin 2011: 83)

Reflexionsfragen:

1. Welches sind die Beweggründe für Social Entrepreneurship Education?
2. Was bieten Social-Entrepreneurship-Education-Initiativen an?
3. Welche drei Ebenen umfasst das TRIO-Modell der Entrepreneurship Education?
4. Was bedeutet Education *for* Entrepreneurship?

Nachdem in den bisherigen Kapiteln verschiedene Aspekte von Social Entrepreneurship aus einem eher neutralen bis wohlwollenden Blickwinkel, gemäß dessen positiver Wirkungsabsicht, betrachtet wurden, folgt im nächsten Kapitel eine kritische Betrachtung dieses Phänomens.

8. Kritik an Social Entrepreneurship

Neben den vielfältigen Hoffnungen und Erwartungen sowie positiven Darstellungen in Bezug auf Social Entrepreneurship, gibt es auch kritische Stimmen, die im Folgenden, ohne Anspruch auf Vollständigkeit, Erwähnung finden sollen. In diesem Kapitel steht eine eher grundsätzliche Kritik an Social Entrepreneurship im Fokus. Die Schwierigkeiten, auf die Social Entrepreneurs in ihrem Handeln stoßen, bspw. in der Wahl einer geeigneten Rechtsform, der Wirkungsmessung oder in der Finanzierung, wurden bereits angesprochen. Ebenso geht es in diesem Kapitel nicht darum, in richtig oder falsch einzuteilen, sondern Kritikpunkte aus der Wissenschaft im Sinne einer ganzheitlichen Betrachtung mit einzubeziehen. Ganz im Sinne von Dey/Steyaert (2012b) ist die kritische Auseinandersetzung kein Selbstzweck, sondern dient der Erweiterung der Betrachtungsweisen, um neue Horizonte zu gewinnen (vgl. Dey/Steyaert 2012b: 91).

Voreingenommenheit in der Forschung

Ein erster Kritikpunkt gilt der Forschung rund um Social Entrepreneurship. Generell werden die Uneindeutigkeit, die Vielfalt an Bedeutungen und damit die Unschärfe des Untersuchungsgegenstands Social Entrepreneurship als Kritikpunkt angeführt, die zu einer nach wie vor anhaltenden Definitionsdebatte führt. (vgl. Dacin/Dacin/Tracey 2011: 1204) (siehe auch Kapitel zu Geschichte und Definition von Social Entrepreneurship über die verschiedenen Zugänge zum Begriff Social Entrepreneurship)

Zudem wird ein Großteil der Forschungsarbeiten zu Social Entrepreneurship als deskriptiv und atheoretisch beschrieben. Studien beruhen meist nur auf wenigen Fallstudien oder sie dokumentieren Einzelfälle (vgl. Dacin/Dacin/Tracey 2011: 1205f.). Nach Dey und Steyaert stützen sich viele wissenschaftliche Studien in Bezug auf Social Entrepreneurship sogar auf ungeprüfte Annahmen, beispielsweise im Hinblick auf die Natur der Sozialunternehmer:innen, die Popularität und die Hintergründe der Entstehung des Feldes Social Entrepreneurship. Die dazugehörende Theoriebildung basiere vornehmlich auf Eindrücken und Instinkten und weniger auf empirischen Beweisen, die der Realität entsprächen. (vgl. Dey/Steyaert 2012b: 93)

Dey und Steyaert sind der Auffassung, dass die Social-Entrepreneurship-Forschung „die politischen Wirkungen, die sie erzeugt und von denen sie selbst ein Teil ist, weitgehend ignoriert hat" und dass sie „mit bestimmten politischen Weltanschauungen ausgestattet ist, die die Realität nach einem bestimmten Bild von ‚Güte' formen". (Dey/Steyaert 2012b: 93)

Ikonisierung einzelner Social Entrepreneurs und Gefahr der Selbstausbeutung

In der Folge konzentriert sich die Literatur zu sozialem Unternehmertum vorwiegend auf einzelne Social Entrepreneurs, deren Handeln als heldenhaft geschildert wird. Der Fokus auf heroische Charaktere und individuelle Erfolgsgeschichten birgt allerdings eine Fülle von Gefahren. So wird unternehmerisches Scheitern eher außer Acht gelassen und das Lernen aus Prozessen ebenfalls nicht einbezogen. Auch Erkenntnisse über die sozialunternehmerischen Aktivitäten von Organisationen, kollektiven, sektoralen oder sektorübergreifenden Partnerschaften oder von Teams und verschiedenen Stakeholdern bleiben ungesehen. (vgl. Dacin/Dacin/Tracey 2011: 1205f.)

Darüber hinaus wird bezweifelt, dass Sozialunternehmer:innen weitgehend altruistisch handeln. Das Streben nach Rentabilität, ob den sozialen Zielen untergeordnet oder bei manchen Unternehmer:innen im Vordergrund einer symbolhaften sozialen Orientierung, kann zu unbeabsichtigten Nebenfolgen führen. (vgl. Dacin/Dacin/Tracey 2011: 1205f.)

Zudem wird Social Entrepreneurship durch den Fokus auf die Person reduziert auf einen Unternehmertypus, der ebenso wagemutig und kreativ Neuerungen vorantreibt, wie sein rein profitorientiertes Pendant. Nur mit dem Unterschied, dass Ersterer primär soziale Ziele verfolgt. Auch wenn Innovationen im Social Entrepreneurship durch neue Formen des wirtschaftlichen Handelns erfolgen sollen, so wird doch davon ausgegangen, dass Soziale Innovationen, ähnlich technischen Neuerungen, rein unternehmerisch gestaltbar und damit steuerbar sind. Dass Innovationen generell in ihrer Entwicklung und Verbreitung selten von einzelnen Akteur:innen gesteuert und kontrolliert werden können, wird dabei außer Acht gelassen. (vgl. Schubert 2016: 417)

Eine weitere kritische Perspektive ist die interessengeleitete Dominanz von einzelnen Akteur:innen, wie Bill Drayton oder Jeff Skoll, einzelnen Stiftungen und damit verbundenen Unternehmen, wie Ashoka, Schwab-Stiftung und Skoll-Stiftung. Indem sie z. B. Fördermittel gewähren oder nicht, können sie mitbestimmen, welche gesellschaftlichen Probleme adressiert werden sollen und somit die Thematik und Agenden in ihrem Sinne gestalten. (vgl. Dacin/Dacin/Tracey 2011: 1206)

Neu ist in diesem Zusammenhang allerdings nur die Bezeichnung Social Entrepreneur, denn wie im Kapitel zu Geschichte und Definition von Social Entrepreneurship gezeigt, gab es schon zu sehr viel früheren Zeiten gesellschaftlich visionäre und engagierte Persönlichkeiten, die aus heutiger Sicht als Social Entrepreneurs etikettiert werden können. Im Diskurs kann daher eine narrative Überhöhung und die durch Interessen motivierte Instrumentalisierung dieses Phänomens festgestellt werden (vgl. Rock 2014: 45).

Daran schließt sich ein weiterer Kritikpunkt von Dey und Steyaert an. Berichte über ikonenhaft dargestellte Autobiographien von Sozialunternehmer:innen würden dazu verwendet, ein bestimmtes Verständnis von sinnvoller Arbeit als normal darzustellen. Im Sinne eines zutiefst moralisierten Daseinsstils wird die vollständige Auflösung einer Work-Life-Grenze propagiert, indem ein Standard sinnvoller Arbeit gefördert wird, der auf Selbstaufopferung gegründet ist. Als Alternative zu traditionellen Karrierewegen einerseits werden andererseits belastende Arbeitsbedingungen wie lange Arbeitszeiten, erhebliche persönliche Opfer bis hin zu einem nicht vorhandenen Privatleben und niedrige Löhne als Voraussetzung für sinnvolles Arbeiten in Sozialunternehmen konstatiert. (vgl. Dey/Steyaert 2012b: 96; und Dey/Steyaert 2012a: 262)

Neben generell knappen finanziellen Reserven bei Startups, zeichnen sich deren Gründer:innen oft durch einen hohen Anspruch an sich selbst und an die Mitarbeitenden aus. Dazu kommen schnelle Veränderungen im Gründungsprozess, die zu abrupten, nicht vorhersehbaren Maßnahmen, wie z. B. Umstrukturierung oder Kündigungen zulasten der Mitarbeitenden führen können (vgl. Günther/Kirchhof 2017: 271). Zudem sind die meisten Gehaltssysteme in sozialen Organisationen ohnehin an die Tarife im öffentlichen Dienst angelehnt oder die finanziellen Ressourcen lassen nur eine unterdurchschnittliche Bezahlung zu. Dies führt zu einem Spannungsfeld für die Social Entrepreneurs: Einerseits ist hoher Einsatz von ihren Mitarbeitenden gefordert, andererseits können diese auch besser bezahlte Karrierewege wählen. (vgl. Hoenig-Ohnsorg/Oldenburg 2013: 3)

Der hohe Anspruch an sich selbst im Sinne der Identifikation mit der eigenen sozialen Mission, verbunden mit hoher Arbeitsbelastung und hohem Druck kann Stress und Burnout zur Folge haben. 43 Prozent der befragten Social Entrepreneurs gaben in einer Studie an, dass sie Erschöpfung, Reizbarkeit, Schlaf- und Angststörungen erlebt haben. Fünf Prozent sind aufgrund von Burnout arbeitsunfähig. (vgl. Vandor/Meyer 2020; und DerStandard 2021)

Auch Maria Gross, ehemalige Leiterin des Social Impact Lab, bestätigt im Interview, dass es für Sozialunternehmer:innen in der Gründungsphase typisch sei, sich zu verausgaben und dabei sowohl ihre eigene wirtschaftliche Stabilität als auch ihre Gesundheit zu riskieren. Dennoch seien von 150 Startups, die Gross begleitet hat, nur noch drei am Markt. Das liege auch an fehlender Erfahrung. (vgl. Treusch 2021: o. S.)

Insgesamt wird durch die starke Ikonisierung weniger höchsterfolgreicher Social Entrepreneurs suggeriert, dass der Erfolg einer sozialen Innovation allein von ihrer Gründerpersönlichkeit abhängt. Dass soziale Innovationen emergente Phänomene und nicht immer vorhersehbar und kontrollierbar sind, wird ebenso außer Acht gelassen, wie die generell geringen Erfolgschancen und der Fakt, dass es zur Umsetzung einer sozialen Innovation mehr als eine Person braucht. Das verzerrt nicht nur die Wahrnehmung von Sozialunternehmen, sondern führt auch zu zusätzlichem Druck auf Social Entrepreneurs, was wiederum die Gefahr der Selbstausbeutung erhöht. (Siehe dazu auch Rock 2014: 47)

Zuletzt schwächt der Fokus auf einzelne Gründerpersönlichkeiten das sozialunternehmerische Handeln von Personen in Organisationen, sogenannter Social Intrapreneurs. Hier handelt es sich um Akteur:innen, die innerhalb einer bestehenden Organisation oder in Partnerschaft mit anderen Organisationen sozialunternehmerische Ziele verfolgen. Dies kann mitunter sogar ein deutlich größeres Potenzial aufweisen als Social Entrepreneurship, da Social Intrapreneurs bereits über die Ressourcen, Infrastruktur, Kunden u.v.m. eines bestehenden Unternehmens verfügen (siehe auch Kapitel zu Social Intrapreneurship). Wenn der Fokus zur Umsetzung von Sozialen Innovationen aber auf Neugründungen liegt, wirkt sich das nachteilig auf Social Intrapreneurship aus. (vgl. Dacin/Dacin/Tracey 2011: 1206)

Gute Absichten garantieren noch keine guten Ergebnisse

Trotz der guten Absichten eines Social Enterprises, gesellschaftliche Probleme zu adressieren, ist dies noch keine Garantie dafür, dass tatsächlich nur Gutes dabei bewirkt wird (vgl. Fueglistaller/Fust/Müller/Müller/Zellweger 2019: 406). Selbst das mit dem Friedensnobelpreis ausgezeichnete System der Mikrokredite von Mohammed Yunus hat seine Schattenseiten, Risiken und Fehlentwicklungen. Übermäßige Kreditvergabe und Kredite für Konsum anstatt für Investitionen in Kleingewerbe verwässerten das Prinzip und führten zu Skandalen (vgl. Ecoreporter 2019).

Ein präziserer Vorbehalt gegenüber Social Entrepreneurship betrifft deshalb die unreflektierte, als Norm vorweggenommene Annahme, dass Social Entrepreneurship soziale Probleme mildere, eine soziale Transformation begünstige und konventionelle Unternehmen sozial verantwortlicher mache. Ähnlich verhält es sich mit der These, dass soziales Unternehmertum vor dem Hintergrund des inhärenten Agierens in einem Markt effizienter sei als der staatliche oder gemeinnützige Sektor. Die angenommenen Synergien zwischen sozialem und ökonomischem Handeln und die daraus folgende Win-Win-Situation sind durchaus umstritten bzw. könnten auch ein Widerspruch in sich sein (vgl. Dey/Steyaert 2012b: 97f.). Wenn beispielsweise anstelle von integrierten Lösungen nur einzelne Initiativen Hilfe für bestimmte Situationen oder Regionen anbieten, kann daraus ein Flickenteppich an Lösungen entstehen (vgl. Fueglistaller/Fust/Müller/Müller/Zellweger 2019: 407).

Die Annahme, dass soziales Unternehmertum aufgrund der gesellschaftlichen Orientierung grundsätzlich als gut angesehen werden kann, muss ebenfalls nicht immer der Realität entsprechen. Medien und Wissenschaft belegen beispielsweise, dass viele Modelle des Gebens tatsächlich nicht wie beabsichtigt helfen. Ein solches Helfen im Sinne des Gebens kann z. B. Abhängigkeit von ausländischer Hilfe verursachen und damit einhergehend die Nachfrage nach lokal produzierten Waren verringern, wodurch wiederum ungelernte Einheimische ihre Arbeitsplätze verlieren können. (vgl. Opatrny-Yazell/Jensen/McCord 2021: 833)

> Ein interessantes Beispiel für Social Entrepreneurship mit unvorhergesehenen Folgen ist TOMS Shoes, das bedürftigen Bürgern von Entwicklungsländern Schuhe schenkte. Das Buy-One-Give-One-Modell, das von TOMS und anderen als Marketingtaktik verwendet wird, war als nachhaltig gedacht. Beim Kauf eines Produkts wird dabei dasselbe Produkt noch einmal gespendet. Allerdings wurden damit Abhängigkeiten geschaffen und ein Weltbild der Armen als hilflos und der Spender:innen als „gute Feen" gefördert. (vgl. Opatrny-Yazell/Jensen/McCord 2021: 833)

Als weiterer negativer Aspekt könnte gesehen werden, dass Social Entrepreneurship als pragmatisches Instrument zur Ausweitung unternehmerischer Formen auf den sozialen Bereich angewendet werde, um Steuergelder zu sparen oder um Menschen und Organisationen im gemeinnützigen Sektor rechenschaftspflichtiger zu machen (vgl. Dey/Steyaert 2012b: 101).

Auch an der Integration von Social Entrepreneurship in die Entrepreneurship-Lehre wird Kritik geübt. Social Entrepreneurship Education berge Ansätze zur Bewältigung sozialer und ökologischer Probleme, die Lösungen im Einklang mit Narrativen des „Fortschritts" postulierten. Die wiederholte Darstellung von prominenten und viel zitierten Social Entrepreneurs wie Bill Drayton (Sozialunternehmer und Gründer von Ashoka), Jerry Greenfield und Ben Cohen (Ben & Jerry Foundation), Muhammad Yunus (Gründer Grameen Bank) und Ibrahim Abouleish (Gründer der Entwicklungsinitiative Sekem in Ägypten) stütze eine Art von gesellschaftlichen Blaupausen und Institutionen, die sie auszeichnen und unterstützen. Damit werde ein ziemlich selektives Verständnis dafür hervorgebracht, was für die Gesellschaft als Ganzes gut ist. (vgl. Dey/Steyaert 2012b: 101)

Daran anschließend lässt sich die Frage nach der Legitimation von Social Entrepreneurship stellen. Viele Social Enterprises sind beispielsweise in den Feldern Gesundheit und Bildung aktiv, ohne dass es eine demokratische Aushandlung und Abstimmung über Inhalte der Schulbildung oder über die Art der grundlegenden Gesundheitsversorgung gegeben hätte (vgl. Fueglistaller/Fust/Müller/Müller/Zellweger 2019: 407).

Negierung der Verantwortung des Sozialstaats

Passend dazu sehen Autoren wie Fuchs „Risiken in einer ‚do-it-yourself-welfare', in einer fortschreitenden Fragmentierung von Diensten und Einrichtungen, Anbietern und Wissen sowie in der Gefahr, dass sich der Staat zunehmend aus der staatlichen Daseinsvorsorge zurückzieht" (Fuchs 2014: 95; vgl. auch Schröer 2021: 9). An dieser Stelle beginnt eine Debatte über den Zusammenhang von sozialer Innovation und grundsätzlichen Fragen der Weiterentwicklung des Sozialstaates, dem Engagement von Bürger:innen, dem Subsidiaritätsprinzip und der Eigenverantwortung der Menschen. Eine zunehmende Ökonomisierung mit nachteiligen Wirkungen für die Bürger:innen und damit für das Gemeinwohl und den sozialen Zusammenhalt könnte den Sozialstaat zum Sozialmarkt machen (vgl. Fuchs 2014: 95). In diese Richtung argumentieren auch Fueglistaller et al. (2019) mit dem Hinweis auf das Risiko, dass sich staatliche Akteur:innen nicht mehr verantwortlich fühlen, wenn Social Enterprises Aufgaben in Bereichen übernehmen, in denen der Staat gefordert ist (vgl. Fueglistaller/Fust/Müller/Müller/Zellweger 2019: 407).

> Als Beispiel dafür schildert Rohrmann, wie die Anzahl der gemeinnützigen Tafeln mit der Lebensmittelversorgung für Bedürftige für immer mehr Menschen zum Überleben an Bedeutung gewinnt. In vielen Städten sind diese ab 1993 entwickelten Einrichtungen ein unverzichtbarer Bestandteil örtlicher sozialer Infrastruktur. Laut Rohrmann wurden im Gegenzug dazu ursprünglich einklagbare und existenzsichernde sozialstaatliche Leistungen durch Almosen substituiert. Vorwiegend ehrenamtliche Helfer:innen und von privaten Unternehmen gespendete Lebensmittel mildern die Folgen von Armut anstelle von gesetzlich verankerter Armutsbekämpfung. (vgl. Rohrmann 2011: 156)

8. Kritik an Social Entrepreneurship

> **Reflexionsfragen:**
> 1. Welche Kritik kommt von Seiten der Forschung an Social Entrepreneurship?
> 2. Welche Bedeutung hat Selbstausbeutung in Bezug auf Social Entrepreneurs?
> 3. Erzeugt Social Entrepreneurship nur Gutes?
> 4. Verdrängen Social-Entrepreneurship-Initiativen sozialstaatliche Verantwortlichkeiten?

Nach der kritischen Beleuchtung von Social Entrepreneurship widmet sich das nächste Kapitel einem praktischen Einstieg ins Social-Entrepreneurship-Ökosystem. Es führt in das Netzwerk von Akteur:innen ein und bietet Informationen zu Lehrmaterial, Studiengängen und Finanzierungspartner:innen an.

9. Social-Entrepreneurship-Ökosystem

Ein gutes Netzwerk gilt als Erfolgsfaktor. Insbesondere im sich stetig weiterentwickelnden Bereich Social Entrepreneurship ist es hilfreich, auf bestehende Erfahrungen und Wissen von Akteur:innen der Community aufzubauen. Gefragt nach dem Unterstützungsbedarf, antworteten 53 Prozent von 612 Sozialunternehmen, dass die Zugehörigkeit zu einer größeren Gemeinschaft bzw. einem größeren Netzwerk für sie „sehr" bzw. „extrem wichtig" ist (vgl. Millner/Vandor 2022: 247).

Als Bezeichnung für ein solches Netzwerk, im Sinne einer Unterstützungsinfrastruktur hat sich die Metapher „Ökosystem" herausgebildet. Damit soll die Dynamik und Lebendigkeit verdeutlicht werden, die durch komplexe Wechselwirkungen und das Zusammenwirken der verschiedenen Akteur:innen charakterisiert sind. Deren unterschiedliche Rollen und Aufgaben sind vereint in dem gemeinsamen Ziel, soziale Innovationen hervorzubringen und zu verbreiten (vgl. Millner/Vandor 2022: 248).

Deshalb sind hier im Folgenden, ohne Anspruch auf Vollständigkeit, die wichtigsten nützlichen Informationen mit den dazugehörenden Links aufgelistet, um den Zugang zum Ökosystem Social Entrepreneurship in Deutschland zu erleichtern.

Organisationen und Netzwerke

Deutschlandweit

SEND e. V.

Das Social Entrepreneurship Netzwerk Deutschland (SEND e.V.) wurde 2017 aus dem Deutschen Startup Verband heraus in Berlin als gemeinnütziger Verein gegründet. Das deutschlandweit tätige Netzwerk setzt sich ein für politische Bildung und Interessenvertretung, Bildung über und Sichtbarkeit von Social Entrepreneurship sowie für Professionalisierung im Hinblick auf Finanzierung, Gründungsberatung oder Wirkungsorientierung. Mitgliedsbeiträge von über 800 Mitgliedern, Kooperationen und Förderprojekte sowie Förderpartner:innen finanzieren die Aktivitäten des Vereins.
www.send-ev.de (Stand: 25.05.2023)

Social Entrepreneurship Akademie (SEA)

Getragen von einer Kooperation der Münchner Hochschulen Technische Universität, Ludwig Maximilians Universität, Hochschule München und der Universität der Bundeswehr München, bietet die SEA mit Sitz in München ein breites, überregionales Bildungsprogramm in verschiedenen Formaten für Studierende, Gründer:innen, Young Professionals und angehende Social-Entrepreneurship-Trainer:innen an. Zudem wird über den Social Startup Hub Bayern eine kostenlose Beratung und individuelle Vernetzung angeboten.
https://seakademie.org/ (Stand: 25.05.2023)

9. Social-Entrepreneurship-Ökosystem

Social-Startups.de

Ein Online-Magazin der Social Startups Media UG (haftungsbeschränkt) mit vielen Tipps und Informationen rund um das Thema Social Startups.

www.social-startups.de (Stand: 25.05.2023)

Gründerplattform.de

Eine Website der KfW-Bank und des Bundesministeriums für Wirtschaft und Klimaschutz. Dort finden sich Informationen rund um das Gründen generell und mittlerweile viel Inhalt zu Social Entrepreneurship.

www.gruenderplattform.de bzw. https://gruenderplattform.de/green-economy/social-entrepreneur (Stand: 25.05.2023)

Fuer-gruender.de

Ein Informationsportal, das ursprünglich für kommerzielle Gründungen konzipiert ist, mit ausführlichen Informationen und Links zum Social-Entrepreneurship-Sektor.

www.fuer-gruender.de bzw. https://www.fuer-gruender.de/wissen/geschaeftsidee-finden/how-to-startup/social-entrepreneurship/ (Stand: 25.05.2023)

Kompetenzzentrum für Soziale Innovationen Deutschland

Das Netzwerk aus 10 Partnerorganisationen aus den Bereichen Sozialunternehmertum, Forschung und Wohlfahrt bietet Events, Artikel und Analysen rund um Soziale Innovationen mit dem Ziel, ein umfassenderes Verständnis von Sozialen Innovationen zu schaffen und Akteur:innen bei der Umsetzung von innovativen Lösungen zu unterstützen. Das von der Europäischen Union kofinanzierte Projekt wird von der Social Impact gGmbH als Lead-Partner getragen.

https://kompetenzzentrum-soziale-innovationen.com/ (Stand: 25.05.2023)

Social Impact gGmbH

Als Agentur für soziale Innovationen entwickelt die Social Impact gGmbH seit 30 Jahren Infrastrukturen und Projekte zur Lösung gesellschaftlicher Herausforderungen. In Social Impact Labs an neun verschiedenen Standorten in Deutschland, u.a. in Berlin, Bremen, Frankfurt und München werden Netzwerke gebildet, Events und Workshops veranstaltet, Coaching und Weiterbildung angeboten und finanzielle Unterstützung für Social Startups durch Preisverleihungen und Awards zur Verfügung gestellt.

www.socialimpact.eu (Stand: 25.05.2023)

Hilfswerft gGmbH

Die Gesellschafter der 2014 gegründeten und von Bremen aus agierenden Hilfswerft gGmbH möchten Social-Entrepreneurship-Angebote an deutschsprachigen Hochschulen und Universitäten verankern und bieten dafür Social Entrepreneurship Camps, weitere Workshopformate und Bildungsposter sowie Netzwerkinformationen an.

www.hilfswerft.de (Stand: 25.05.2023)

Good Profits GmbH

Die Good Profits GmbH bietet Vertriebs-Knowhow in Form von Beratung, Training und Coaching speziell für Social Enterprises an, um deren Wirkung zu erhöhen.
https://good-profits.de (Stand: 25.05.2023)

International

Ashoka

Die deutsche Präsenz des internationalen Ashoka Netzwerks als Ashoka Deutschland gGmbH mit Sitz in München sieht sich als Unterstützungsnetzwerk für Menschen mit wegweisenden Ideen. Sogenannte Ashoka-Fellows erhalten seit 2003 auf vielfältige Art und Weise Unterstützung, z. B. durch die Vermittlung von Beratung, Vernetzung und Stipendien. In mehr als 90 Ländern gibt es mittlerweile fast 4.000 Ashoka-Fellows, über 80 davon in Deutschland. Weitere Ashoka-Fellows werden gesucht, um diese zu begleiten, Netzwerke für sie zu kreieren und insgesamt die Rahmenbedingungen für soziale Innovationen zu verbessern.
www.ashoka.org bzw. www.ashoka-deutschland.org (Stand: 25.05.2023)

Schwab Foundation for Social Entrepreneurship

Die Schwab Foundation for Social Entrepreneurship als Schwesterorganisation des World Economic Forums fördert Soziale Innovationen auf drei Arten: globale Sichtbarkeit, gegenseitige Unterstützung durch das Netzwerk und Weitergabe von Knowhow. Mit den Schwab Foundation's Awards werden führende Persönlichkeiten des sozialen Wandels in vier verschiedenen Preiskategorien gewürdigt: Social Entrepreneurs, Social Intrapreneurs in Unternehmen, sog. Public Social Intrapreneurs im öffentlichen Sektor und der Collective Social Innovation Award. Letzterer soll sich entwickelnde systemische Ansätze für den sozialen Wandel auszeichnen. Die Preisträger:innen werden anschließend im Netzwerk gefördert.
www.schwabfound.org (Stand: 25.05.2023)

Changemakers

Die 1994 gegründete und von Ashoka geförderte Initiative vernetzt Changemaker mit Ideen und Werkzeugen. Online Challenges und verschiedene Kurse dienen zur Unterstützung der Akteur:innen.
www.changemakers.com (Stand: 25.05.2023)

Skoll Foundation

Die 1999 von Jeff Skoll gegründete Stiftung hat sich die Förderung von Social Entrepreneurship zum Ziel gesetzt. Die Skoll Foundation fördert soziale Unternehmer:innen und Innovator:innen durch Beteiligung mit finanziellen Mitteln und Vernetzung. Bekannt ist auch der jährlich vergebene Skoll Award für Social Entrepreneurship. Zum Portfolio der Stiftung gehören ca. 116 Organisationen und 144 Sozial-Unternehmer:innen rund um den Globus.
www.skoll.org (Stand: 25.05.2023)

Weitere Informationen zu Social Entrepreneurship auf internationaler Ebene finden sich auf den Websites führender Organisationen zur Förderung von Social Entrepreneurship. (vgl. Fueglistaller/Fust/Müller/Müller/Zellweger 2019: 417)

Lehrmaterial

Social Entrepreneurship Akademie (SEA) Trainingskarten

Das Trainingskartenset „Von der Idee zur Umsetzung" ist ähnlich aufgebaut wie ein Spielquartett. Es beschreibt in kurzen Geschichten, wie erfolgreiche Social Entrepreneurs klassische Herausforderungen während der Umsetzung ihrer Ideen gemeistert haben. Die 40 Karten sind in sechs Kategorien unterteilt und können systematisch gezielt, kreativ oder ergebnisoffen für verschiedene Fragestellungen in Trainings oder Teamsitzungen eingesetzt werden. (vgl. Dörner/Notz/Stark o.J.: 48ff.)

https://seakademie.org/angebot/seatrainingskarten (Stand: 25.05.2023)

Kartenset und Real Time Innovation Ansatz des Strascheg Centers for Enetrepreneurship

Mit dem aus 89 Karten und weiterem Material bestehenden Kartenset können praxisbezogen und gleichzeitig auf wissenschaftlicher Grundlage Erfolgsmuster der eigenen Organisation identifiziert und kreativ für Innovationsprozesse eingesetzt werden. Der Innovationsansatz „Real Time Innovation", der sich durch neue Perspektiven auf den Prozess und die daraus resultierenden Herangehensweisen auszeichnet, soll die vorhandenen Tools zur Generierung von Innovationen ergänzen und erweitern sowie die bestehenden Ansätze verbinden. Ziel ist die Förderung einer unternehmerischen und verantwortungsvollen Denk- und Herangehensweise bei angehenden Gründer:innen und Intrapreneurs. (vgl Sailer/Stark/Weber/Eder/Leonavicius 2018)

https://www.sce.de/innovationsansatz.html (Stand: 25.05.2023)

Atlas of Social Innovation

Der zweite Band des englischsprachigen „Atlas of Social Innovation" zeigt Wege auf, wie die Gesellschaft soziale Innovationen nutzen kann, um neue Praktiken für eine bessere Zukunft langfristig zu etablieren. In 45 prägnanten Artikeln wird von lokalen Gruppen ebenso wie von internationalen Netzwerken berichtet, die unkonventionelle Lösungsansätze für drängende gesellschaftliche Probleme entwickeln. Zudem liefert der „Atlas" einen umfassenden Überblick über den aktuellen Stand der Forschung. (vgl. Howaldt/Kaletka/Schröder/Zimgiebl 2019)

Erläuterung auf Deutsch: https://www.tu-dortmund.de/nachrichtendetail/detail/neuer-atlas-of-social-innovation-erschienen-1972/ (Stand: 25.05.2023)

Praxisleitfaden „Soziales Unternehmertum" des Bundeswirtschaftsministeriums

Der Leitfaden ist entlang eines modellhaften sozialunternehmerischen Entwicklungspfades aufgebaut. Dabei werden alle typischen Entwicklungsphasen – von der originären Gründungsmotivation über die Geschäftsmodellentwicklung bis hin zur Unternehmensskalierung – durchlaufen. Inklusive sind besonders praxisrelevante Meilensteine, wie z. B. Ideenpitch, Startfinanzierung oder Reporting. Alle Kurzinfos und weiterführenden Links sind dabei nach einer einheitlichen Systematik aufbereitet. (vgl. Bundesministerium für Wirtschaft und Energie 2018)

https://www.bmwk.de/Redaktion/DE/Publikationen/Mittelstand/praxisleitfaden-soziales-unternehmertum.html (Stand: 25.05.2023)

Massive Open Online Courses (MOOC)

In kurzen Videos über die Plattform edX bietet die SEA mehrere Online-Kurse an, in dem Social-Startup-Expert:innen die notwendigen Skills erläutern, um in das Thema Social Entrepreneurship einzutauchen.

https://seakademie.org/angebot/seamooc/ (Stand: 25.05.2023)

Changemaker MOOC – Social Entrepreneurship

Ein weiterer Online-Kurs ist auf der Plattform Iversity zu finden. Der deutschsprachige Kurs zeigt den Weg von der Idee zum Projekt bis zur Lösung eines gesellschaftlichen Problems. Ein Bestandteil des Lehrangebots sind unternehmerische Ansätze, um gesellschaftliche Herausforderungen in den Bereichen Gesellschaft, Umwelt, Bildung oder Kultur zu lösen.

https://iversity.org/de/courses/changemaker-mooc-social-entrepreneurship-november-2015 (Stand: 25.05.2023)

Studiengänge

Bachelorstudiengänge

Alanus Hochschule Bonn: Bachelor Philosophie, Kunst und Gesellschaftsgestaltung

Der interdisziplinäre Studiengang verfügt über einen hohen Praxisbezug. Philosophische und ästhetische Bildung gewährleistet einen innovativen Zugang zu gesellschaftlichen und wirtschaftlichen Handlungsfeldern. Eine breite humanistische Grundbildung in der Tradition der Liberal Arts mit starkem Gegenwartsbezug soll den Blick für die konkreten Lebens- und Berufsrealitäten schärfen. Für den sechssemestrigen Vollzeitstudiengang an der nichtstaatlichen Hochschule werden Studiengebühren erhoben.

https://www.alanus.edu/de/studium/studiengaenge/detail/philosophie-kunst-und-gesellschaftsgestaltung-bachelor-of-arts (Stand: 25.05.2023)

Cusanus Hochschule Koblenz: Bachelor Ökonomie-Nachhaltigkeit-Transformation

Der Studiengang beruht auf den drei Säulen Ökonomie, Nachhaltigkeit und Transformation. Wirtschaft wird interdisziplinär, themenorientiert und plural, aus vielfältigen Perspektiven gelehrt. Nachhaltigkeit wird hier definiert als „Gesellschaft nachwelt- und mitwelttauglich leben". Zentrale Aspekte und unterschiedliche Vorstellungen der Umsetzung sind die Lehrinhalte hierfür. Transformation wird theoretisch fundiert ebenso wie praxisnah studiert. Dabei wird an Beispielen gearbeitet, die bereits eine sozial-ökologische Transformation vorantreiben. Für den sechssemestrigen Studiengang in Vollzeit an der staatlich anerkannten Hochschule in freier Trägerschaft werden Studiengebühren erhoben.

https://www.cusanus-hochschule.de/lp/bachelor-oekonomie-nachhaltigkeit-transformation/ (Stand: 25.05.2023)

9. Social-Entrepreneurship-Ökosystem

Leuphana Universität Lüneburg: Bachelor International Business Administration & Entrepreneurship (englischsprachig)

Das BWL-Studium International Business Administration & Entrepreneurship (IBAE) ist als Bachelor der Betriebswirtschaftslehre für das 21. Jahrhundert konzipiert. Eine neue Form des Wirtschaftens steht im Fokus. Sozial verantwortliches Unternehmertum und Nachhaltigkeit in einer internationalen Geschäftswelt sind wesentliche Inhalte, ebenso wie Management- und Entrepreneurship-Kompetenzen. Der Studiengang umfasst sechs Semester in Vollzeit. An der staatlichen Universität werden nur Semesterbeiträge erhoben.

https://www.leuphana.de/college/bachelor/bwl-studium-ibae.html (Stand: 25.05.2023)

Hochschule München: Bachelor Management Sozialer Innovationen

Soziale Innovationen werden im Studiengang aus den Perspektiven der Soziologie, Ökonomie, Kommunikationswissenschaften und Philosophie interdisziplinär behandelt. Die Studierenden entwickeln Schlüsselkompetenzen unter anderem in den Bereichen Sozial- und Zukunftsforschung, Social Entrepreneurship, Strategisches Management, Organisations-entwicklung, Partizipationsprozesse und Stadtentwicklung. Für das siebensemestrige Studium in Vollzeit (inkl. eines Praxissemesters) an der staatlichen Hochschule werden nur Semesterbeiträge erhoben.

https://www.sw.hm.edu/studienangebot/bachelor/management_sozialer_innovation/index.de.html (Stand: 25.05.2023)

Universität Vechta: Bachelor of Arts Wirtschaft und Ethik

Der als Zweifach-Bachelor beschriebene Studiengang kombiniert Soziales Engagement und unternehmerisches Denken. Social Business vermittelt Kenntnisse aus der Wirtschafts- und Unternehmensethik sowie Nachhaltigkeit. Schwerpunkt ist die gesellschaftliche Verantwortung von Unternehmen. Betriebs- und Volkswirtschaftslehre sind fester Bestandteil des Studiums. An der staatlichen Universität werden für das sechssemestrige Vollzeitstudium nur Semesterbeiträge erhoben.

https://www.uni-vechta.de/wirtschaft-und-ethik-studieren (Stand: 25.05.2023)

Masterstudiengänge

Cusanus Hochschule Koblenz: Master Ökonomie – Nachhaltigkeit – Gesellschaftsgestaltung

Der Master wird als pluraler, kritischer, geschichtsbewusster sowie inter- und transdisziplinärer Studiengang beschrieben, der die gesamte Bandbreite neuen ökonomischen Denkens umfasst. Der Schwerpunkt liegt praxiswirksam auf sozial-ökologischen Transformationsprozessen der Wirtschaft und deren Einbettung in Natur und Gesellschaft. Für den viersemestrigen Vollzeit-Studiengang werden Studiengebühren erhoben.

https://www.cusanus-hochschule.de/lp/master-oekonomie-nachhaltigkeit-gesellschaftsgestaltung/ (Stand: 25.05.2023)

Katholische Universität Eichstätt-Ingolstadt: Master BWL, Entrepreneurship und Innovation (englischsprachig)

Der Studienschwerpunkt „Entrepreneurship and Innovation" fokussiert sich auf die Bereiche unternehmerische Innovation, Nachhaltigkeit und ethische Verantwortung sowie deren gesellschaftliche Implikationen und Auswirkungen. Dabei werden die Methoden zur Analyse, Planung und Optimierung betriebswirtschaftlicher Problemstellungen vermittelt. Für den viersemestrigen Vollzeitstudiengang an einer staatlich anerkannten und von einer kirchlichen Stiftung getragenen Universität werden nur Semesterbeiträge erhoben.

https://www.ku.de/studienangebot/bwl-entre-msc (Stand: 25.05.2023)

Diakoniewissenschaftliches Institut Heidelberg: Master Management, Ethik und Innovation im Nonprofit-Bereich (berufsbegleitend)

Ein Studiengang für die Gestaltung sozialer Veränderungs- und Innovationsprozesse in gesellschaftlichen, diakonischen und kirchlichen Organisationen. Aufbauend auf dem Grundstudium Diakoniewissenschaft gibt es zwei Profilschwerpunkte: Organisationsmanagement in sozialen Kontexten sowie soziale Innovation und projektbezogene Forschung. Für den berufsbegleitenden Weiterbildungsstudiengang mit fünf Semestern mit monatlichen Präsenzphasen werden Studiengebühren erhoben.

https://www.dwi.uni-heidelberg.de/studium/meinb/meinb.html (Stand: 25.05.2023)

Hochschule München: Master Gesellschaftlicher Wandel als Gestaltungsaufgabe

Der konsekutive Master „Gesellschaftlicher Wandel als Gestaltungsaufgabe" in Vollzeit richtet sich an Absolvent:innen der Bachelorstudiengänge „Soziale Arbeit", „Bildung und Erziehung im Kindesalter", „Management Sozialer Innovationen", „Pflege" sowie anderer Bachelorstudiengänge der Sozial- und Erziehungswissenschaften. Das Ziel dieses als innovativ und transdisziplinär beschriebenen Studiengangs ist es, Fach- und Führungskräfte für die Gestaltung von Teilhabe und gesellschaftlichem Wandel in Richtung einer zukunftsfähigen Gesellschaft auszubilden und Kompetenzen für transdisziplinäre Problemlösungen zu vermitteln. Für den dreisemestrigen, konsekutiven Vollzeit-Masterstudiengang an einer staatlichen Hochschule werden nur Semesterbeiträge erhoben.

https://www.sw.hm.edu/studienangebot/master/master_gesellschaftlicher_wandel_und_teilhabe/index.de.html (Stand: 25.05.2023)

Technische Universität Dresden / Institut Zittau: Master Business Ethics und Responsible Management

Der Studiengang umfasst Inhalte aus den gesamten Wirtschafts- und Sozialwissenschaften sowie der Philosophie. Er beinhaltet Themen, Stoffgebiete und Methoden zur Managementlehre, zu Business Ethics sowie zur Corporate Social Responsibility und darüber hinaus Querschnittskompetenzen aus Geistes- und Sozialwissenschaften, insbesondere empirische Forschungsmethoden. Der Studiengang kann in Vollzeit über vier Semester oder in Teilzeit über acht Semestern studiert werden. An der staatlichen Universität werden nur Semesterbeiträge erhoben.

https://tu-dresden.de/ihi-zittau/studium/studienangebot/business-ethics-und-csr-management (Stand: 25.05.2023)

9. Social-Entrepreneurship-Ökosystem

Technische Universität Berlin: Master Innovation Management, Entrepreneurship and Sustainability (englischsprachig)

Internationaler, stark interdisziplinärer Masterstudiengang mit Inhalten zu Innovationsmanagement, Unternehmertum und Nachhaltigkeit. Die Inhalte des Studiums umfassen relevante sozial-, und wirtschaftswissenschaftliche Fragestellungen aus Theorie und Praxis. Das erste Jahr wird in Berlin absolviert, das zweite im Ausland an einer Partneruniversität, an der auch gleichzeitig ein zweiter Abschluss erworben wird. Für den viersemestrigen Vollzeit-Studiengang an einer staatlichen Universität werden nur Semesterbeiträge erhoben.

https://www.tu.berlin/en/entrepreneurship/research-and-teaching/master-programs/msc-imes (Stand: 25.05.2023)

Social Entrepreneurship an Schulen

ALMSE-Akademie

Die ALMSE-Akademie gGmbH setzt sich seit 2019 dafür ein, Social Entrepreneurship dauerhaft in den Lehrplänen aller allgemeinbildenden Schulen in Bayern zu verankern. Das Akronym ALMSE steht für Alltagskompetenz und Lebensökonomie stärken mit Social Entrepreneurship. Hierfür werden Aus- und Weiterbildungen im Bereich von Social Entrepreneurship Education zusammen mit regionalen und überregionalen Institutionen für Lehrer:innenfortbildung organisiert. Das Angebot richtet sich an Lehrkräfte und Schulleiter:innen im deutschsprachigen Raum und beinhaltet auch Beratungsleistungen zur Umsetzung an den Schulen. Dabei wird ein umfassendes praxisnahes und fächerübergreifendes Konzept vermittelt, um die Umsetzung des neuen bayerischen LehrplanPLUS zu erleichtern.

https://www.almse-akademie.de/ (Stand: 25.05.2023)

SEEd – Social Entrepreneurship Education

Die Initiative SEEd des gemeinnützigen Vereins Campus Business Box e.V., bietet seit 2013 Workshops, kostenloses Lehrmaterial, Trainer:innenausbildung und Praxiskontakte für Schulen an.

https://seed.schule/ (Stand: 25.05.2023)

Finanzierungspartner:innen

FASE – Finanzierungsagentur für Social Entrepreneurship GmbH

FASE versteht sich seit der Gründung durch Ashoka im Jahr 2013 als Brückenbauer zwischen Sozialunternehmer:innen und engagierten Investor:innen, die mit ihrem Kapital mehr als nur eine attraktive Rendite erzielen möchten. Durch das Vermitteln von Wachstumskapital und adäquaten Finanzierungsmodellen sowie durch Unterstützung bei der Verfeinerung der Geschäftsmodelle und Businesspläne werden so die Chancen erhöht, die Wirkung der Social Entrepreneurs auf Gesellschaft und Umwelt nachhaltig zu skalieren.

https://fa-se.de/ (Stand: 25.05.2023)

BonVenture

Die BonVenture Management GmbH mit Sitz in München ist der erste Anbieter von sozialem Risikokapital im deutschsprachigen Raum. Geld, das von sozial orientierten Investor:innen in Fonds gebündelt wird, wird in Unternehmen investiert, die gesellschaftlichen Mehrwert schaffen.

https://bonventure.de (Stand: 25.05.2023)

Ananda Ventures

Die Ananda Ventures GmbH investiert ebenfalls in Form von Fonds in Unternehmen, die die großen gesellschaftlichen Herausforderungen adressieren. Zu den Investmentfeldern zählen die Bereiche Digital Health, Education, Ageing, Future of Work und nachhaltiger Konsum.

https://ananda.vc (Stand: 25.05.2023)

RESET.org

Die RESET gemeinnützige Stiftungs-GmbH unterstützt grüne Startups, die mit neuen Technologien einen positiven Wandel vorantreiben. Neben Coaching und begleitender Beratung wird in einigen Fällen auch eigenes Kapital investiert.

https://reset.org/impact (Stand: 25.05.2023)

Auf der Ebene der Bundesländer bzw. regional gibt es inzwischen ebenfalls eine Reihe an Fördermaßnahmen: so z. B. in Hessen, Sachsen, Bremen, Dortmund und Berlin (vgl. Kreibich/Lutze/Rivera/Thiem/Heilig/Wunsch 2022: 22ff.). Eine gute Übersicht der Unterstützungsorganisationen für Social Entrepreneurship bietet SEND e.V. im 4. Social Entrepreneurship Monitor. Eine Landkarte zeigt pro Bundesland die verschiedenen Angebote je nach lokaler, landesweiter, bundesweiter und internationaler Reichweite auf (vgl. Hoffmann/Kiefl/Scharpe/Wunsch 2022: 75).

Als Abschlusskapitel dient im Folgenden eine Illustration von verschiedenen Social Enterprises aus unterschiedlichen Handlungsfeldern, um die Bandbreite der Aktivitäten von Social Entrepreneurs darzustellen.

10. Ausgewählte Beispiele

Fallbeispiele werden in vielen Quellen, sei es in der Literatur oder auf Webseiten dargestellt (siehe dazu bspw. die Deutschen Social Entrepreneurship Monitore des SEND e.V.). Gleichzeitig ist es unmöglich, die Vielzahl der mittlerweile entstandenen Social-Entrepreneurship-Organisationen auch nur annähernd vollständig aufzuzählen. Um zumindest eine Ahnung von der Vielfalt der Ideen zu bekommen, wird auf den folgenden Seiten ein Streifzug durch die verschiedenen Sektoren und Anwendungsfelder getätigt, der beispielhaft acht ausgewählte Social-Entrepreneurship-Organisationen aus verschiedenen Handlungsfeldern illustriert. Gleichzeitig soll diese Schilderung der eigenen Inspiration zur Umsetzung gesellschaftlich relevanter Ideen dienen.

Arbeit, Migration und Bildung: Social Bee

Das 2016 als gGmbH gegründete Social Enterprise Social Bee mit Sitz in München vermittelt deutschlandweit über Zeitarbeit oder direkte Stellenbesetzung anerkannte Geflüchtete oder andere sozial benachteiligte Menschen in Unternehmen. Dies wird unterstützt durch Qualifizierungsprogramme und interne wie externe Kommunikationsmaßnahmen. Ziel ist immer eine langfristige Anstellung bei den aufnehmenden Unternehmen. Für diese bedeutet das eine Reduzierung des Personalmangels und gleichzeitig eine Erhöhung der Diversität ihrer Belegschaft. Gesellschaftlich erfolgt eine Integration von Geflüchteten und anderen sozial Benachteiligten. Das Geschäftsmodell scheint erfolgreich zu sein und wurde zahlreich ausgezeichnet. Die Mit-Gründerin Zarah Bruhn wurde sogar zur Sonderbeauftragten für soziale Innovationen des Bundesministeriums für Bildung und Forschung ernannt.

Mehr Informationen auf: www.social-bee.de (Stand: 25.05.2023)

Umweltschutz: reCup

Die reCup GmbH, 2016 gegründet und mit Sitz in München, hat sich zum Ziel gesetzt, das enorme Aufkommen von Verpackungsmüll durch Einwegbecher durch den Einsatz von Pfandbechern („reCups") zu reduzieren. Mittlereile umfasst diese Mission auch den Einsatz von sogenannten Rebowls, um Einweg-Verpackungen in der Gastronomie zu ersetzen. Das Geschäftsmodell basiert auf einem durchgehenden Pfandsystem: Gastronom:innen werden Teil des Partner:innen-Netzwerks von reCup, entrichten einen monatlichen Nutzungsbeitrag und leihen die Mehrwegbecher und -schüsseln gegen Pfand von reCup. Die Gastronom:innen geben die reCups und reBowls wiederum gegen Pfand an ihre Kund:innen aus. Die Mehrwegbecher und -schüsseln können an allen Stationen des mittlerweile deutschlandweit vertretenen Partnernetzwerks zurückgegeben werden, was einen hohen Grad an Nutzerfreundlichkeit darstellt. Mit ca. 15.000 Ausgabestellen bezeichnet sich reCup als größtes Mehrwegsystem in Deutschland.

Mehr Informationen auf: www.recup.de (Stand: 25.05.2023)

Soziales: Kuchentratsch

Kuchentratsch wurde 2014 als soziale Backstube in München gegründet, mit der Mission, das Leben von Senior:innen lebenswerter zu gestalten. Dies geschieht dadurch, dass Senior:innen Kuchen backen, im Unternehmen insgesamt mithelfen und dadurch Teil einer Gemeinschaft werden. Über einen Online-Shop werden die Kuchen deutschlandweit an Privat- und Firmenkund:innen versendet. Kuchentratsch musste aufgrund einer misslungenen Anschlussfinanzierung bei der Expansion zwischendurch Insolvenz anmelden und firmiert heute unter dem Dach der Höflinger-Müller GmbH, einem regionalen Filialbäckerei-Unternehmen. Mittlerweile wurde sogar ein eigenes Kaffee eröffnet.

Mehr Informationen auf: www.kuchentratsch.com (Stand: 25.05.2023)

Kooperatives Wirtschaften: FoodHub

Als eingetragene Genossenschaft wurde FoodHub München Market im Jahr 2021 gegründet und bezeichnet sich selbst als ersten solidarischen Mitmach-Supermarkt in München. Der Supermarkt gehört allen Genossenschaftsmitgliedern und nur diese können dort einkaufen. Dabei verpflichten sie sich, das Genossenschaftsmodell mit drei Stunden Arbeit alle vier Wochen zu unterstützen. Im Gegenzug erhalten sie günstige und hochwertige Bio-Lebensmittel, vorzugsweise von regionalen Direktvermarktern, und werden Teil einer Community. Mittlerweile gibt es Mitmach-Supermärkte u. a. auch in Berlin, Hamburg und Köln.

Mehr Informationen unter: www.foodhub-muenchen.de (Stand: 25.05.2023)

Bildung: Serlo Education

Der als Serlo Education e.V. 2009 in München gegründete und dort ansässige gemeinnützige Verein versteht sich als „Wikipedia fürs Lernen". Die dahinterstehende Gemeinschaft hat zum Ziel, hochwertige Bildung weltweit frei verfügbar zu machen. Damit soll ein Beitrag zu mehr Bildungsgerechtigkeit geleistet werden und Schüler:innen sollen mehr Mitbestimmung in der Schule erhalten. Kern ist eine freie Lernplattform, die den Schüler:innen komplett kostenlos, werbefrei und lizensiert ermöglichen soll, selbstständig und im eigenen Tempo zu lernen. Mittlerweile nutzen über eine Million Schüler:innen und Lehrkräfte die Plattform.

Mehr Informationen unter: www.serlo.org (Stand: 25.05.2023)

Energieversorgung: Polarstern

Die 2009 in München gegründete und dort ansässige Polarstern GmbH versteht sich als Energieversorgungsunternehmen und Gestalterin der Energiewende. Dazu dienen verschiedenste Produkte und Initiativen rund um das Thema Energie aus nachhaltigen Quellen. Hundertprozentige Ökostromprodukte für Haushalt, Autos und Wärmepumpen, Ökogas und Investitionen in Solaranlagen sind ebenso Ausdruck sozialunternehmerischen Handelns, wie weltweite Initiativen, z. B. in

Mini-Biogasanlagen in Kambodscha. Polarstern bezeichnet sich selbst als Social Business und ist Mitglied der Gemeinwohl-Ökonomie.

Mehr Informationen unter: www.polarstern-energie.de (Stand: 25.05.2023)

Gesundheit und Inklusion: discovering hands

Die discovering hands gemeinnützige Unternehmensgesellschaft (gUG), 2011 in Mühlheim an der Ruhr gegründet, bildet blinde Frauen zu medizinisch-taktilen Untersucherinnen (MTU) nach einem standardisierten Tastverfahren aus. Deren überdurchschnittlicher Tastsinn optimiert die Früherkennung von Brustkrebs und erhöht signifikant die Überlebenschancen von Patientinnen. Gleichzeitig erfahren die zur MTU qualifizierten Frauen ihre Blindheit nicht als Behinderung, sondern als wertvolle Ressource, die ihnen zur Inklusion in die Arbeitswelt verhilft.

Das vielfach ausgezeichnete Social Enterprise zeichnet sich durch eine hybride Gestaltung des Geschäftsmodells und der Rechtsformen mit Profit- und Nonprofit-Elementen aus. Eine discovering hands Service GmbH ist die Tochtergesellschaft der discovering hands gUG (haftungsbeschränkt). Erstere ist wiederum 100-prozentige Gesellschafterin der discovering hands Akademie GmbH mit Sitz in Berlin.

Mehr Informationen unter: www.discovering-hands.de (Stand: 25.05.2023)

Umwelt und Wirtschaften: Ecosia

Die 2009 in Berlin gegründete Ecosia GmbH betreibt eine Internet-Suchmaschine, deren Gewinne aus Werbeinnahmen zu 100 Prozent für Klima- und Umweltschutz, vor allem für Baumpflanzprojekte auf der ganzen Welt verwendet werden. Neben dem Schutz der Nutzer:innendaten, Solarenergie für das Unternehmen und Transparenz durch regelmäßige Finanzberichte, zeichnet sich das vielprämierte Unternehmen durch die freiwillige Umwandlung in ein „Purpose-Unternehmen" aus. Mit der Übertragung der Gesellschaftsanteile der GmbH an die Purpose-Stiftung ist die Verpflichtung verbunden, dass Ecosia nicht verkauft werden darf oder Gewinne privatwirtschaftlich genutzt werden dürfen.

Mehr Informationen unter: www.ecosia.org (Stand: 25.05.2023)

Wie bereits angesprochen ist dies nur ein winziger Ausschnitt aus einer Fülle an Social-Entrepreneurship-Organisationen, der aber die Bandbreite des Phänomens und die Unterschiedlichkeit der Geschäftsmodelle erahnen lässt.

Nachwort

Mögen dem/der geneigten Leser:in nach der Lektüre dieses Buches viele Erkenntnisse und Aha-Momente in Bezug auf Social Entrepreneurship als Ganzes und auf die einzelnen Teilaspekte in den Sinn gekommen sein. Damit ist die Hoffnung verbunden, mehr Wissen und Verständnis für Sozialunternehmertum erzeugt zu haben, um der positiven Entwicklung rund um dieses Thema noch mehr Unterstützung zu geben.

Denn leider wird Social Entrepreneurship trotz seiner anerkannten Bedeutung für die Zukunft der Menschheit noch immer zu wenig Aufmerksamkeit in politischen Maßnahmen und staatlichen Institutionen zuteil, gerade im Vergleich zu Fördermaßnahmen im technischen Bereich (vgl. Cagarman/Kratzer/Osbelt 2020: 1). Der Europäischen Kommission (2020) ist in ihrem Bericht demzufolge Recht zu geben, dass Sozialunternehmen ein Ökosystem benötigen, das die Spezifika hinsichtlich ihrer Finanzierung, Geschäftsmodelle und Investitionen anerkennt. Die Ansprechpartner:innen in öffentlichen Verwaltungen, Banken und bei Investmentgesellschaften benötigen noch mehr Wissen um die Herausforderungen bei der Umsetzung von sozialunternehmerischen Initiativen (vgl. Europäische Kommission 2020: 30).

Teil eines solchen Ökosystems sind auch Studierende, Lehrende, Praktizierende, Beratende und alle weiteren Interessierten, die mit dem hier neu gewonnen Wissen das Themenfeld Social Entrepreneurship stärken können.

Idealerweise wird die gesellschaftliche Zielorientierung dadurch immer mehr zum Standard allen Unternehmertums. Dazu möge dieses Buch beitragen.

Literaturverzeichnis

Achleitner, Ann-Kristin (2007): Social Entrepreneurship und Venture Philanthropie - Erste Ansätze in Deutschland, in: Iris Hausladen (Hrsg.), *Management am Puls der Zeit. Festschrift für Prof. Horst Wildemann*. 1. Aufl. München: TCW. S. 57–70.

Achleitner, Ann-Kristin, Heister, Peter & Stahl, Erwin (2007): Social Entrepreneurship - Ein Überblick, in: Ann-Kristin Achleitner, Reinhard Pöllath & Erwin Stahl (Hrsg.), *Finanzierung von Sozialunternehmern. Konzepte zur finanziellen Unterstützung von Social Entrepreneurs*. Stuttgart: Schäffer-Poeschel. S. 4–24.

Achleitner, Ann-Kristin, Spiess-Knafl, Wolfgang & Volk, Sarah (2011): Finanzierung von Social Enterprises – Neue Herausforderungen für die Finanzmärkte, in: Helga Hackenberg & Stefan Empter (Hrsg.), Social entrepreneurship - social business. Für die Gesellschaft. Wiesbaden: VS Verlag für Sozialwissenschaften. S. 269–286.

Akerboom, Melanie (2017): *Social Entrepreneurship will gelernt sein*. Frankfurt. https://www.zukunftsinstitut.de/artikel/social-entrepreneurship-will-gelernt-sein/, Stand: 24.02.2022.

Ashoka Deutschland (2021): *Ashokas Geschichte*. https://www.ashoka.org/de-de/story/ashokas-geschichte, Stand: 18.01.2022.

Ashoka Deutschland und McKinsey & Company (2019): Wenn aus klein systemisch wird. Das Milliardenpotenzial sozialer Innovationen.

avesco & FASE (2022): *European Social Innovation and Impact Fund (ESIIF). Unternehmerische, soziale Innovation & Wirkung fördern*. https://www.avesco.de/wp-content/uploads/2022/01/ESIIF_5pager-FINAL.pdf, Stand: 21.11.2022.

Bayerisches Staatsministerium für Familie, Arbeit und Soziales (2019): *Sozialgenossenschaften in Bayern – Der Ratgeber zur erfolgreichen Gründung*. München. https://www.bestellen.bayern.de/application/eshop_app000005?SID=617375023&ACTIONxSESSxSHOWPIC(BILDxKEY:%2710010729%27,BILDxCLASS:%27Artikel%27,BILDxTYPE:%27PDF%27), Stand: 18.05.2023.

Beck, Gerald & Kropp, Cordula (Hrsg.) (2012): *Gesellschaft innovativ. Wer sind die Akteure?* 1. Aufl. Wiesbaden: VS-Verl.

Beckmann, Markus (2011): Social Entrepreneurship – Altes Phänomen, neues Paradigma moderner Gesellschaften oder Vorbote eines Kapitalismus 2.0?, in: Helga Hackenberg & Stefan Empter (Hrsg.), *Social entrepreneurship - social business. Für die Gesellschaft*. Wiesbaden: VS Verlag für Sozialwissenschaften. S. 67–85.

Berndt, Christian & Wirth, Manuel (2018): Market, metrics, morals: The Social Impact Bond as an emerging social policy instrument. *Geoforum* 90: 27–35.

Bertelsmann Stiftung (2010): *Corporate Citizenship planen und messen mit der iooi-Methode. Ein Leitfaden für das gesellschaftliche Engagement von Unternehmen*. Gütersloh. https://www.bertelsmann-stiftung.de/de/publikationen/publikation/did/corporate-citizenship-planen-und-messen-mit-der-iooi-methode, Stand: 15.02.2023.

Bethmann, Steffen (2020): *Stiftungen und soziale Innovationen*. Wiesbaden: Springer Fachmedien Wiesbaden.

Bidardel, Farid (2019): Social Intrapreneurship – (R)evolution von Corporate Social Responsibility?, in: Alexander Kraemer & Laura Marie Edinger-Schons (Hrsg.), *CSR und Social Enterprise*. Berlin, Heidelberg: Springer Berlin Heidelberg. S. 39–48.

BonVenture Management GmbH (o. J.): *Finanzierung für Ihren Impact*. München. https://bonventure.de/sozialunternehmen/, Stand: 18.05.2023.

Bornstein, David (2006): *Die Welt verändern. Social Entrepreneurs und die Kraft neuer Ideen*. 2. Aufl. Stuttgart: Klett-Cotta.

Bornstein, David (2010). *Social Entrepreneurship: What Everyone Needs to Know*. David Bornstein and Susan Davis. New York: Oxford University Press.

Bundesministerium für Bildung und Forschung (2021): *Ressortkonzept zu Sozialen Innovationen*. Berlin. https://www.bundesregierung.de/breg-de/suche/ressortkonzept-zu-sozialen-innovationen-1954492, Stand: 02.02.2023.

Bundesministerium für Wirtschaft und Energie (2018): *Praxisleitfaden Soziales Unternehmertum*. https://www.bmwi.de/Redaktion/DE/Publikationen/Mittelstand/praxisleitfaden-soziales-unternehmertum.html, Stand: 20.01.2022.

Bundesregierung (2021): *Koalitionsvertrag 2021 – 2025 zwischen der Sozialdemokratischen Partei Deutschlands (SPD), BÜNDNIS 90 / DIE GRÜNEN und den Freien Demokraten (FDP)*. https://www.bundesregierung.de/breg-de/service/gesetzesvorhaben/koalitionsvertrag-2021-1990800, Stand: 24.03.2022.

Burmester, Monika (2020): Wirkung sozialer Dienstleistungen – Reflexionen zu einem uneindeutigen Begriff, in: Monika Burmester, Jan Friedemann, Stephanie Catharina Funk, Sabine Kühnert & Dieter Zisenis (Hrsg.), *Die Wirkungsdebatte in der Quartiersarbeit*. Wiesbaden: Springer Fachmedien Wiesbaden. S. 37–51.

Cagarman, Karina, Kratzer, Jan & Osbelt, Katharina (2020): Social Entrepreneurship: Dissection of a Phenomenon through a German Lens. *Sustainability* 12(18).

Candid (2022): *Measure results*. https://measureresults.issuelab.org/1?doctype=&issue_area=&wikitopic_categories=&keywords=&language=&pubdate_start_year=1&pubdate_end_year=1&sort=&categories=&offset=0&pageSize=12, Stand: 19.10.2022.

Canon, Camille, Hensen, Achim, Hensen, Adrian, Kühl, Alexander, Razo, Derek, Steuernagel, Armin, Urman, Daria & Willeke, Jakob (2020): *Verantwortungseigentum. Unternehmenseigentum für das 21. Jahrhundert*. Hamburg. https://purpose-economy.org/de/file/656/, Stand: 07.11.2022.

Dacin, M. Tina, Dacin, Peter A. & Tracey, Paul (2011): Social Entrepreneurship: A Critique and Future Directions. *Organization Science* 22(5): 1203–1213.

Days of the Year (2023): *Social Enterprise Day*. https://www.daysoftheyear.com/days/social-enterprise-day/, Stand: 06.04.2023.

DerStandard (2021): *Sozialunternehmer sind stark von Burnout betroffen*. Wien. https://www.derstandard.at/story/2000130283517/sozialunternehmer-sind-stark-von-burnout-betroffen, Stand: 15.03.2023.

Deutscher Bundestag (2020): *Bundestag will ein Konzept für die Entwicklung von sozialen Innovationen*. https://www.bundestag.de/dokumente/textarchiv/2020/kw22-de-soziale-innovation-696120, Stand: 18.01.2022.

Dey, Pascal & Steyaert, Chris (2012a): Critical Reflections on Social Entrepreneurship, in: Christine K. Volkmann, Kim Oliver Tokarski & Kati Ernst (Hrsg.), *Social Entrepreneurship and Social Business. An Introduction and Discussion with Case Studies*. Wiesbaden: Gabler Verlag. S. 255–275.

Dey, Pascal & Steyaert, Chris (2012b): Social entrepreneurship: critique and the radical enactment of the social. *Social Enterprise Journal* 8(2): 90–107.

Dombrowski, Kathrin, Guelcibuk, Wiebke & Petrick, Stephanie (2017): *Impact Investing für Stiftungen - Kapitalanlage mit Wirkung und Rendite,*. https://www.phineo.org/impact-investing, Stand: 20.01.2022.

Dörner, Anne, Notz, Kristina & Stark, Wolfgang (o.J.): *Social Entrepreneurship Education. Sozial und unternehmerisch denken und handeln lernen*. Essen. https://www.bildung-durch-verantwortung.de/wp-content/uploads/2019/04/Broschuere_Social_Entrepreneurship.pdf, Stand: 24.01.2023.

Duden (o.J.): *Stichwort "sozial"*. https://www.duden.de/rechtschreibung/sozial, Stand: 13.01.2022.

EBC-Entwicklungsteam (2022): *Leitfaden zur Erstellung Ecogood Business Canvas. Ein Werkzeug zur gemeinwohl-orientierten Gründung*. https://bayern.ecogood.org/ressource/ebc-leitfaden-business-canvas-fuer-unternehmen/, Stand: 13.03.2023.

Ecoreporter (2019): *Mikrokredite: Es gibt auch Schattenseiten*. https://www.ecoreporter.de/artikel/mikrokredite-es-gibt-auch-schattenseiten/, Stand: 15.03.2023.

Europäische Kommission (2011): *Initiative für soziales Unternehmertum Schaffung eines "Ökosystems" zur Förderung der Sozialunternehmen als Schlüsselakteure der Sozialwirtschaft und der sozialen Innovation {SEK(2011) 1278 endgültig}. MITTEILUNG DER KOMMISSION AN DAS EUROPÄISCHE PARLAMENT, DEN RAT, DEN EUROPÄISCHEN WIRTSCHAFTS-UND SOZIALAUSSCHUSS UND DEN AUSSCHUSS DER REGIONEN.* Brüssel. https://eur-lex.europa.eu/legal-content/DE/TXT/PDF/?uri=CELEX:52011DC0682&from=da, Stand: 18.01.2022.

Europäische Kommission (2015a): *Kurzdossier zur Messung der sozialen Wirkung für Sozialunternehmen. Strategien für soziales Unternehmertum.* Luxembourg: Publications Office. https://op.europa.eu/en/publication-detail/-/publication/19c3e101-f673-437f-a9fe-4a6dc7ff1f6e/language-de, Stand: 15.02.2023.

Europäische Kommission (2015b): *Vorschläge für Ansätze zur Messung der sozialen Wirkung in Rechtsvorschriften der Europäischen Kommission und der Praxis im Hinblick auf EuSEF und EaSI. GECES-Untergruppe zur Messung von sozialen Auswirkungen 2014.* Luxembourg: Publications Office. https://ec.europa.eu/social/main.jsp?catId=738&langId=de&pubId=7735&furtherPubs=yes, Stand: 15.02.2023.

Europäische Kommission (2016): *Kurzdossier zur Skalierung der Wirkung von Sozialunternehmen. Strategien für soziales Unternehmertum.* Luxemburg. https://op.europa.eu/en/publication-detail/-/publication/53e3ccbd-9a83-11e6-9bca-01aa75ed71a1/language-de/format-PDF/source-search, Stand: 15.02.2023.

Europäische Kommission (2020): *Sozialunternehmen und ihre Ökosysteme in Europa. Zusammenfassung des Syntheseberichts.* Luxemburg. https://op.europa.eu/en/publication-detail/-/publication/bf0d742a-73eb-11ea-a07e-01aa75ed71a1/language-de, Stand: 18.01.2022.

Faltin, Günter (2011): Social Entrepreneurship – Zwischen Entrepreneurship und Ethik, in: Petra Jähnke, Gabriela B. Christmann & Karsten Balgar (Hrsg.), *Social Entrepreneurship.* Wiesbaden: VS Verlag für Sozialwissenschaften. S. 75–85.

Freiburg, Markus & Gehra, Wolfgang (2020): Hybride Geschäftsmodelle von Social Enterprises im Spannungsfeld zwischen Lehre und Praxis. *WiSt - Wirtschaftswissenschaftliches Studium* 49(11): 50–55.

Fritsch, Michael & Wyrwich, Michael (2021): *Entrepreneurship. Theorie, Empirie, Politik.* 3. Aufl. Wiesbaden: Springer Gabler.

Fuchs, Petra (2014): „Soziale Innovation" durch „Sozialunternehmen" Schlüssel zur Lösung gesellschaftlicher Probleme? *Forschungsjournal Soziale Bewegungen* 27(2): 90–99.

Fueglistaller, Urs, Fust, Alexander, Müller, Christoph, Müller, Susan & Zellweger, Thomas (2019): *Entrepreneurship. Modelle - Umsetzung - Perspektiven : mit Fallbeispielen aus Deutschland, Österreich und der Schweiz.* 5. Aufl. Wiesbaden: Springer Gabler.

Gassmann, Oliver, Frankenberger, Karolin & Choudury, Michaela (2021): *Geschäftsmodelle entwickeln. 55+ innovative Konzepte mit dem St. Galler Business Model Navigator.* 3. Aufl. München: Hanser.

Gebauer, Jana & Ziegler, Rafael (2013): Corporate Social Responsibility und Social Entrepreneurship, in: Jana Gebauer & Heike Schirmer (Hrsg.), *Unternehmerisch und verantwortlich wirken? Forschung an der Schnittstelle von Corporate Social Responsibility und Social Entrepreneurship.* Berlin: IÖW. S. 15–68.

Gehm, Jürgen (2022): *Design Thinking etablieren.* Wiesbaden: Springer Fachmedien Wiesbaden.

Gehra, Wolfgang & Hieronymus, Barbara (in Druck): Die Bedeutung von Wirkungsmessungen bei der Gewinnung von Investoren:innen für Social Entrepreneure, in: Birgit Schmidtke, Martin Lu Kolbinger & Daniela Molzbichler (Hrsg.), *Sozial - Innovativ - Nachhaltig. Perspektiven für Sozialmanagement und Sozialwirtschaft 2030* Wiesbaden: Springer Fachmedien Wiesbaden GmbH. o.S.

Gehra, Wolfgang & Hoffmann, Erik (2022): Social Intrapreneurship: Eine begriffliche Annäherung zur Darstellung der praxisrelevanten Bedeutungsvielfalt der Akteure, in:

Rafaela Kraus, Tanja Kreitenweis & Brigita Jeraj (Hrsg.), *Intrapreneurship. Unternehmergeist, Systeme und Gestaltungsmöglichkeiten.* Berlin, Heidelberg: Springer Berlin Heidelberg. S. 43–60.

Gillwald, Katrin (2000): *Konzepte sozialer Innovation. WZB Discussion Paper, No. P 00-519, Wissenschaftszentrum Berlin für Sozialforschung (WZB).* Berlin. http://hdl.handle.net/10419/50299.

Global Entrepreneurship Network (2022): *Social Enterprise Day.* https://www.genglobal.org/uk/national-social-enterprise-day, Stand: 06.04.2023.

Gössler, Martin (2014): Wirkungen und Nebenwirkungen der Wirkungsorientierung. *Organisationsentwicklung* (3): 67–73.

Gössler, Martin (2015): Wirkungen und Nebenwirkungen. *Sozialwirtschaft* 25(1): 21–25.

Gründungszentrum Enterprise: Social Business Model Canvas. https://gruendungszentrum-enterprise.de/fileadmin/redaktion/iq-enterprise/Dokumente/Social_Entrepreneurship_BMC-1.pdf, Stand: 12.04.2023.

Grayson, David, McLaren, Melody & Spitzeck, Heiko (2014): *Social Intrapreneurism and All That Jazz.* Sheffield: Greanleaf.

Grünhaus, Christian & Rauscher, Olivia (2021): *Impact und Wirkungsanalyse in Nonprofit Organisationen, Unternehmen und Organisationen mit gesellschaftlichem Mehrwert. Vom Wirkungsmodell über die Messung, Bewertung bis zur Steuerung, Darstellung und Kommunikation.* Wien.

Günther, Ute & Kirchhof, Roland (2017): „Nice to have" oder „must"? CSR bei Start-ups, in: Patrick Bungard & René Schmidpeter (Hrsg.), *CSR in Nordrhein-Westfalen.* Berlin, Heidelberg: Springer Berlin Heidelberg. S. 267–275.

Gürtler, Jochen & Meyer, Johannes (2019): *Design Thinking. 30 Minuten.* 7. Aufl. Offenbach: GABAL.

Hoenig-Ohnsorg, Dennis & Oldenburg, Felix (2013): *Karrieren für Weltveränderer. Wie Sozialunternehmer die besten Talente bekommen können.* Frankfurt am Main. https://www.ashoka.org/de-de/files/2013-02ashokathesenpapier-karrierewege-fuer-weltveraenderpdf-0, Stand: 14.03.2023.

Hoffmann, Pablo, Kiefl, Sophia, Scharpe, Katharina & Wunsch, Michael (2022): *4. Deutscher Social Entrepreneurship Monitor 2021/22.* Berlin. https://www.send-ev.de/wp-content/uploads/2022/04/4_DSEM_web.pdf, Stand: 16.08.2022.

Hoffmann, Pablo, Scharpe, Katharina & Wunsch, Michael (2021): *3. Deutscher Social Entrepreneurship Monitor 2020/21.* Berlin. https://www.send-ev.de/wp-content/uploads/2021/03/DSEM-2020-21.pdf, Stand: 18.01.2022.

Howaldt, Jürgen, Kaletka, Christoph, Schröder, Antonius & Zimgiebl, Marthe (Hrsg.) (2019): *ATLAS OF SOCIAL INNOVATION. 2ND VOLUME: a world of new practices.* München: OEKOM Verlag.

HPI School of Design Thinking (o. J.): *Die sechs Schritte im Design Thinking Innovationsprozess.* https://hpi.de/school-of-design-thinking/design-thinking/hintergrund/design-thinking-prozess.html, Stand: 13.03.2023.

Jähnke, Petra, Christmann, Gabriela B. & Balgar, Karsten (Hrsg.) (2011): *Social Entrepreneurship.* Wiesbaden: VS Verlag für Sozialwissenschaften.

Juvat gGmbH (2016): *Abschlussbericht erster deutscher Social Impact Bond.* Ausgburg. https://www.eleven.ngo/media/pages/blog/ziele-erreicht-der-erste-deutsche-social-impact-bond-ist-abgeschlossen/03f727c817-1668372695/projektuebersicht_abschluss_sibaugsburg_final.pdf, Stand: 08.03.2023.

Kehl, Konstantin, Then, Volker & Münscher, Robert (2012): Social Return on Investment: auf dem Weg zu einem integrativen Ansatz der Wirkungsforschung, in: Helmut K. Anheier, Andreas Schröer & Volker Then (Hrsg.), *Soziale Investitionen. Interdisziplinäre Perspektiven.* 1. Aufl. Wiesbaden: VS Verlag für Sozialwissenschaften (GWV). 313-331.

Kehl, Konstantin, Then, Volker, Rauscher, Olivia & Schober, Christian (2018): Wirkung und Wirkungsmessung von Innovationen in Organisationen des Sozialwesens, in: Johannes Eurich, Markus. Glatz-Schmallegger & Anne. Parpan-Blaser (Hrsg.), *Gestaltung von Innovationen in Organisationen des Sozialwesens. Rahmenbedingungen, Konzepte und Praxisbezüge*. Wiesbaden: Springer VS. S. 275–296.

Kreibich, Miriam, Lutze, Maxie, Rivera, Karoline Rodriguez, Thiem, Carolin, Heilig, Birgit & Wunsch, Michael (2022): *Sozialinnovator:innen fördern. Ein Praxishandbuch für die öffentliche Verwaltung zur Unterstützung von Sozialinnovator:innen und Sozialunternehmen*. Berlin. https://vdivde-it.de/sites/default/files/document/sozialinnovatorinnen-foerdern.pdf, Stand: 02.02.2023.

Kreibich, Miriam & Thiem, Carolin (2022): Soziale Innovationen in der Förderung – eine Momentaufnahme, in: Jürgen Howaldt, Miriam Kreibich, Jürgen Streicher & Carolin Thiem (Hrsg.), *Zukunft gestalten mit Sozialen Innovationen. Neue Herausforderungen für Politik, Gesellschaft und Wirtschaft*. 1. Aufl. Frankfurt am Main: Campus Verlag. S. 57–70.

Kurz, Bettina & Kubek, Doreen (2021): *Kursbuch Wirkung. Das Praxishandbuch für alle, die Gutes noch besser tun wollen : mit Schritt-für-Schritt-Anleitungen & Beispielen*. 6. Aufl. Berlin: PHINEO.

Lahme, Cornelius (2018): *Social Franchising. Systematische Skalierung gesellschaftlich relevanter Tätigkeiten*. Wiesbaden: Springer Gabler.

Lindner, Johannes (2018): Entrepreneurship Education, in: Günter Faltin (Hrsg.), *Handbuch Entrepreneurship*. Wiesbaden: Springer Fachmedien Wiesbaden. S. 407–424.

Mair, Johanna & Rathert, Nikolas (2021): Sozialunternehmertum, in: Birgit Blättel-Mink, Ingo Schulz-Schaeffer & Arnold Windeler (Hrsg.), *Handbuch Innovationsforschung*. Wiesbaden: Springer Fachmedien Wiesbaden. S. 509–524.

Markman, Gideon D., Waldron, Theodore L., Gianiodis, Peter T. & Espina, Maritza I. (2019): E Pluribus Unum: Impact Entrepreneurship as a Solution to Grand Challenges. *Academy of Management Perspectives* 33(4): 371–382.

Metzger, Georg (2019): *Social Entrepreneurs in Deutschland: Raus aus der Nische – 154.000 „junge" Sozialunternehmer im Jahr 2017*. https://www.kfw.de/%C3%9Cber-die-KfW/Newsroom/Aktuelles/News-Details_502336.html, Stand: 18.01.2022.

Mildenberger, Georg & Krlev, Gorgi (2022): Finanzierung von sozialen Innovationen, in: Jürgen Howaldt, Miriam Kreibich, Jürgen Streicher & Carolin Thiem (Hrsg.), *Zukunft gestalten mit Sozialen Innovationen. Neue Herausforderungen für Politik, Gesellschaft und Wirtschaft*. 1. Aufl. Frankfurt am Main: Campus Verlag. S. 289–303.

Mildenberger, Georg, Münscher, Robert & Schmitz, Björn (2012): Dimensionen der Bewertung gemeinnütziger Organisationen und Aktivitäten, in: Helmut K. Anheier, Andreas Schröer & Volker Then (Hrsg.), *Soziale Investitionen. Interdisziplinäre Perspektiven*. 1. Aufl. Wiesbaden: VS Verlag für Sozialwissenschaften (GWV). S. 279–312.

Millner, Reinhard & Vandor, Peter (2022): Soziale Innovationen und Social Entrepreneurship, in: Jürgen Howaldt, Miriam Kreibich, Jürgen Streicher & Carolin Thiem (Hrsg.), *Zukunft gestalten mit Sozialen Innovationen. Neue Herausforderungen für Politik, Gesellschaft und Wirtschaft*. 1. Aufl. Frankfurt am Main: Campus Verlag. S. 241–255.

Müller, Susan, Lurtz, Kathrin, Rüede, Dominik, Kopf, Hartmut & Russo, Peter (2013): *Mechanismen Sozialer Innovationen I: Entstehung, Entwicklung und Verbreitung*. Oestrich-Winkel. https://www.h-brs.de/files/mueller_et_al_2013_mechanismen_sozialer_innovationen_i_isi.pdf, Stand: 04.04.2022.

Murray, Robin, Caulier-Grice, Julie & Mulgan, Geoff (2010): *The open book of social innovation*. London: Young Foundation; National Endowment for Science, Technology and the Arts.

Opatrny-Yazell, Chris M., Jensen, Daniel H. & McCord, Mary H. (2021): The Dilemma of Social Entrepreneurship and Social Enterprise: An Exercise. *Entrepreneurship Education and Pedagogy* 4(4): 830–850.

Pechlaner, Harald & Speer, Sebastian (2020): Responsible Entrepreneurship – Verantwortlich handeln in einer globalisierten Welt: eine Einführung, in: Harald Pechlaner & Sebastian Speer (Hrsg.), *Responsible Entrepreneurship*. Wiesbaden: Springer Fachmedien Wiesbaden. S. 1–19.

Peris-Ortiz, Marta, Teulon, Frédéric & Bonet-Fernandez, Dominique (Hrsg.) (2017): *Social Entrepreneurship in Non-Profit and Profit Sectors. Theoretical and Empirical Perspectives*. Cham: Springer.

Petrick, Stephanie, Phineo gAG, Birnbaum, Jeremy & Bertelsmann Stiftung (2016): *Social Impact Investment in Deutschland 2016*. https://www.phineo.org/impact-investing, Stand: 20.01.2022.

Pinchot, Gifford (1985): *Intrapreneuring. Why you don't have to leave the corporation to become an entrepreneur*. New York, NY: Harper & Row.

Plattner, Hasso, Meinel, Christoph & Weinberg, Ulrich (2011): *Design Thinking. Innovation lernen - Ideenwelten öffnen*. München: mi-Wirtschaftsbuch.

Rammert, Werner, Windeler, Arnold, Knoblauch, Hubert & Hutter, Michael (Hrsg.) (2016): *Innovationsgesellschaft heute*. Wiesbaden: Springer Fachmedien Wiesbaden.

Rauscher, Olivia & Schober, Christian (2015): Wirkungsanalyse, in: Rolf Eschenbach, Christian Horak, Michael Meyer & Christian Schober (Hrsg.), *Management der Nonprofit-Organisation. Bewährte Instrumente im praktischen Einsatz*. 3. Aufl. Stuttgart: Schäffer-Poeschel Verlag. S. 69–103.

Repp, Lars (2013): *Soziale Wirkungsmessung im Social Entrepreneurship*. Wiesbaden: Springer Fachmedien Wiesbaden.

Rock, Joachim (2014): Anything goes. Anmerkungen zur Debatte um Innovation, Wirkung und Entrepreneurship in der Sozialen Arbeit, in: Volker Brinkmann (Hrsg.), *Sozialunternehmertum*. Baltmannsweiler: Schneider Verlag Hohengehren GmbH. S. 43–60.

Röhl, Klaus-Heiner (2018): *Social Entrepreneurship: Startups mit sozialem Ansatz*. Köln. https://www.iwkoeln.de/studien/klaus-heiner-roehl-startups-mit-sozialem-ansatz-391211.html, Stand: 24.02.2022.

Rohrmann, Eckhard (2011): Tafeln und der Abbau des Sozialstaates, in: Stefan Selke (Hrsg.), *Tafeln in Deutschland*. VS Verlag für Sozialwissenschaften. S. 143–162.

Rosenow-Gerhard, Joy & Händel, Richard B. (2021): Begrenzter Schonraum. Social Intrapreneurship im Spannungsfeld zwischen Innovationslabor und entsendender Organisation, in: Andreas Schröer, Stefan Köngeter, Sebastian Manhart, Christian Schröder & Thomas Wendt (Hrsg.), *Organisation über Grenzen*. Wiesbaden: Springer Fachmedien Wiesbaden. S. 229–245.

Rucht, Dieter & Neidhart, Friedhelm (2020): Soziale Bewegungen und kollektive Aktionen, in: Hans Joas & Steffen Mau (Hrsg.), *Lehrbuch der Soziologie*. 4. Aufl. Frankfurt am Main: Campus Verlag. S. 831–864.

Sailer, Klaus, Notz, Kristina & Planck, Sebastian (2021): Social Entrepreneurship, in: Görres-Gesellschaft, Verlag Herder & Heinrich Oberreuter (Hrsg.), *Staatslexikon: Recht - Wirtschaft - Gesellschaft. Bd. 5: Schule - Welt*. München, GERMANY: Herder Verlag. S. 139–143.

Sailer, Klaus, Stark, Wolfgang, Weber, Christina, Eder, Susanne & Leonavicius, Erik (2018): *Real time innovation. Denken in neuen Mustern*. München: Strascheg Center for Entrepreneurship gGmbH.

Schallmo, Daniel R.A. & Lang, Klaus (2020): *Design Thinking erfolgreich anwenden*. Wiesbaden: Springer Fachmedien Wiesbaden.

Scheck, Barbara (o. J.): *Finanzierungsformen für Social Enterprises. Fremd-, Eigen-, Mezzanin-, Hybridkapital oder Spenden?* Berlin. https://www.send-ev.de/wp-content/uploads/2021/10/Finanzierungsformen-fuer-Social-Enterprises.pdf.

Scheck, Barbara (2017): *JuMP Jugendliche mit Perspektive. Begleitevaluation des ersten deutschen Social Impact Bonds*. https://www.eleven.ngo/media/pages/blog/begleitevaluat

ion-sib-augsburg-veroeffentlicht/51557bd240-1668372695/sib_augsburg_begleitevaluation_bericht.pdf, Stand: 08.03.2023.

Schellberg, Klaus (Hg.), Danner, Madeleine, Gerhard, Sandra, Hunter, Rebekka & Kießling, Anna-Lena (2018): *Mit Mehrwert überzeugen - der Social Businessplan für Sozialunternehmen. Arbeitsbuch zur Erstellung eines wirkungsorientierten Businessplans.* Regensburg: Walhalla und Praetoria.

Scheuerle, Thomas, Glänzel, Gunnar, Knust, Rüdiger & Then, Volker (2013): *Social Entrepreneurship in Deutschland. Potentiale und Wachstumsproblematiken.* Heidelberg.

Schießl, Nina (2015): *Intrapreneurship-Potenziale bei Mitarbeitern.* Wiesbaden: Springer Fachmedien Wiesbaden.

Schließmann, Christoph (2014): *Leistungspotenziale im Fadenkreuz.* Berlin, Heidelberg: Springer Berlin Heidelberg.

Schmitz, Björn & Schröer, Andreas (2019): Social Intrapreneurship. Unternehmerisches Handeln in Organisationen. *IM+io Best & Next Practices aus Digitalisierung; Management Wissenschaft* 34(2): 76–79.

Schnedler, Jan (2020): *Startup-Recht. Praktischer Leitfaden für Gründung, Unternehmensführung und -finanzierung.* 2. Aufl. Heidelberg: dpunkt.

Schober, Christian & Then, Volker (Hrsg.) (2015): *Praxishandbuch Social Return on Investment. Wirkung sozialer Investitionen messen.* Stuttgart: Schäffer-Poeschel.

Schröer, Andreas (2018): Neue Lösungsansätze für gesellschaftliche Herausforderungen. *Sozial Extra* 42(1): 18–22.

Schröer, Andreas (2021): Begriffliche Klärungen, Herausforderungen und Chancen. *Sozialmagazin* (4): 6–13.

Schröer, Andreas & Händel, Richard B. (2020): Social Intrapreneurship Labs – organisationspädagogische Grundlegung und empirische Befunde, in: Andreas Schröer, Nicolas Engel, Claudia Fahrenwald, Michael Göhlich, Christian Schröder & Susanne Maria Weber (Hrsg.), *Organisation und Zivilgesellschaft.* Wiesbaden: Springer Fachmedien Wiesbaden. S. 189–201.

Schröer, Andreas & Mildenberger, Georg (2014): Sozialunternehmertum wirksam fördern. Förderstrategien in sozialen Dienstleistungsorganisationen, in: Volker Brinkmann (Hrsg.), *Sozialunternehmertum.* Baltmannsweiler: Schneider Verlag Hohengehren GmbH. S. 89–106.

Schubert, Cornelius (2016): Soziale Innovationen, in: Werner Rammert, Arnold Windeler, Hubert Knoblauch & Michael Hutter (Hrsg.), *Innovationsgesellschaft heute.* Wiesbaden: Springer Fachmedien Wiesbaden. S. 403–426.

Schwarz, Antonis, Zubrod, Andreas & Sauerhammer, Markus (2020): *Nachrichtenlose Assets. Reformvorschlag.* Berlin. https://www.send-ev.de/wp-content/uploads/2021/03/2_Auflage_Nachrichtenlose_Assets.pdf, Stand: 21.11.2022.

Schwarz, Sabine (2014): *Social Entrepreneurship Projekte.* Wiesbaden: Springer Fachmedien Wiesbaden.

SEA Akademie (2015): *Blogbeitrag.* https://seakademie.org/2015/12/14/was-uns-2015-bewegt-hat/, Stand: 13.01.2022.

SEFORÏS Forschungskonsortium (2016): *Landesbericht Deutschland. Eine erste Analyse und ein erstes Profil von Sozialunternehmen in Deutschland.* https://hertieschool-f4e6.kxcdn.com/fileadmin/2_Research/2_Research_directory/Research_projects/SEFORIS/Downloads.pdf.

SEFORÏS Forschungskonsortium (2020): *Landesbericht Deutschland. Eine erste Analyse und Profilierung von Sozialunternehmen in Deutschland.* https://hertieschool-f4e6.kxcdn.com/fileadmin/2_Research/2_Research_directory/Research_projects/SEFORIS/Country_Report_Germany__DE__-_SEFORIS_2020.pdf, Stand: 20.01.2022.

SEND e.V. (o.J.a): *Rechtsformen für Social Enterprises. Ein Ratgeber zu Rechtsformen und Gemeinnützigkeit von Social Enterprises.* https://www.send-ev.de/wp-content/uploads/2021/10/Rechtsformen-fuer-Social-Enterprises.pdf, Stand: 07.11.2022.

SEND e.V. (o. J.b): *Social-Entrepreneurship- Gründungsberatung. Ein Handbuch für Gründungsberater*innen zur Beratung von Social Entrepreneurs.* https://www.send-ev.de/wp-content/uploads/2021/10/Social-Entrepreneurship-Gruendungsberatung.pdf, Stand: 13.06.2022.

SEND e.V. (2019): *Finanzierungs- und Förderinstrumente für Social Entrepreneurship. Finanzierungsbooklet.* Berlin. https://www.send-ev.de/wp-content/uploads/2021/03/Finanzierungsbooklet.pdf, Stand: 15.11.2022.

SEND e.V. (2021). https://www.send-ev.de/startseite/ueber-uns/, Stand: 15.01.2022.

Social Reporting Initiative e.V. (2014): *SRS Social Reporting Standard. Leitfaden zur wirkungsorientierten Berichterstattung.* Mülheim an der Ruhr. https://www.phineo.org/magazin/social-reporting-standard, Stand: 15.02.2023.

Spiess-Knafl, Wolfgang & Scheck, Barbara (2020): *Social enterprise finance market. Analysis and recommendations for delivery options.* Luxembourg: Publications Office of the European Union.

Sprinkart, Karl Peter, Gottwald, Franz-Theo & Sailer, Klaus (2014): *Fair Business. Wie Social entrepreneurs die Zukunft gestalten.* Regensburg: Walhalla-Fachverl.

Stephan, Ute & Drencheva, Andreana (2017): The Person in Social Entrepreneurship: A Systematic Review of Research on the Social Entrepreneurial Personality, in: Gorkan Ahmetoglu, Tomas Chamorro-Premuzic, Bailey Klinger & Tessa Karcisky (Hrsg.), *The Wiley Handbook of Entrepreneurship.* Wiley. S. 205–229.

Stiftung Mercator GmbH (2012): *Innovatives Handeln und Social Entrepreneurship. Handlungsempfehlungen für Politik, Wissenschaft, Wirtschaft und Sozialunternehmer.*

Stiftung Verantwortungseigentum (2021): *Verantwortungseigentum im Wandel der Zeit. Und der Bedarf nach einer neuen Rechtsform: eine Gesellschaft mit gebundenem Vermögen.* https://stiftung-verantwortungseigentum.de/fileadmin/user_upload/verantwortungseigentum_im_wandel_der_zeit.pdf, Stand: 07.11.2022.

SustainAbility (2008): *The social intrapreneur. A field guide for corporate changemakers.* London: Sustainability. https://www.allianz.com/content/dam/onemarketing/azcom/Allianz_com/migration/media/current/en/press/news/studies/downloads/thesocialintrapreneur_2008.pdf, Stand: 07.12.2022.

Tete, P., Wunsch, M., Menke, C. (2018): *1. Deutscher Social Entrepreneurship Monitor 2018.* Berlin. https://www.send-ev.de/wp-content/uploads/2021/03/DSEM2018.pdf, Stand: 12.11.2022.

Treusch, Wolf-Sören (2021): *Social Entrepreneurs - Soziale Wirkung als Geschäftsmodell.* https://www.deutschlandfunkkultur.de/social-entrepreneurs-soziale-wirkung-als-geschaeftsmodell-100.html, Stand: 19.08.2022.

UStG (o.J.): *Umsatzsteuergesetz.* https://www.gesetze-im-internet.de/ustg_1980/__2.html, Stand: 13.02.2022.

Vahs, Dietmar & Schäfer-Kunz, Jan (2021): *Einführung in die Betriebswirtschaftslehre.* 8. Aufl. Stuttgart: Schäffer-Poeschel Verlag.

Vandor, Peter & Meyer, Michael (2020): *Social Entrepreneurs: Driven by Mission, but Doomed to Burn Out?* Wien.

Vincze, Máté, Birkhölzer, Karl, Kaepplinger, Sebastian, Gollan, Anna Katharina & Richter, Andreas (2014): *A map of Social Enterprises and their ecosystems in Europe. Country Report for Germany.* Brüssel. https://ec.europa.eu/social/BlobServlet?docId=14214&langId=en, Stand: 11.04.2022.

Vogelbusch, Friedrich (2018): *Management von Sozialunternehmen. Eine Einführung in die Allgemeine Betriebswirtschaftslehre mit Abbildungen und Praxisbeispielen.* München: Verlag Franz Vahlen.

Welternährungsprogramm der Vereinten Nationen (2023): *WFP Innovation Accelerator.* https://de.wfp.org/innovation, Stand: 06.04.2023.

Yunus, Muhammad (2010): *Social business. Von der Vision zur Tat.* München: Hanser.

Zapf, Wolfgang (1989): Über soziale Innovationen. *Soziale Welt* 40(1/2): 170–183.

Zeyen, Anica, Beckmann, Markus & Akhavan, Roya (2014): Social Entrepreneurship Business Models: Managing Innovation for Social and Economic Value Creation, in: Camillo von Müller & Claas-Philip Zinth (Hrsg.), *Managementperspektiven für die Zivilgesellschaft des 21. Jahrhunderts.* Wiesbaden: Springer Fachmedien Wiesbaden. S. 107–132.

Zum Autor

Prof. Dr. Wolfgang Gehra, Diplom-Kaufmann (Univ.), ist seit 2014 Professor für Sozialmanagement an der Fakultät für angewandte Sozialwissenschaften der Hochschule München. Seit 2021 ist er zusätzlich Innovationsprofessor für Entrepreneurship und Innovation. Als Co-Studiengangsleiter vertritt er die Wirtschaftswissenschaften im interdisziplinären Studiengang Management Sozialer Innovationen.

Seine Expertise für innovative Veränderungsprozesse in Organisationen und Gesellschaft verdankt Prof. Dr. Wolfgang Gehra aber auch den 20 Jahren Managementerfahrung im Spannungsfeld zwischen betriebswirtschaftlichen Sachzwängen und ideellen Zielen, insbesondere der Nachhaltigkeit. Er war als mittelständischer Unternehmer und in leitenden Positionen, sowohl im Profit als auch im Nonprofit Bereich tätig. Zudem war er langjähriger Stiftungsvorstand und ist Mitglied in diversen Bei- und Aufsichtsräten sowie in regelmäßigen Beratungs- und Coachingmandaten engagiert.

Als Dozent an der Social Entrepreneurship Akademie und an der Hochschule München hat er den Entstehungsprozess vieler Geschäftsideen von Anfang an begleitet. In seiner Eigenschaft als Mitgründer und Gesellschafter der ALMSE Akademie gGmbH (www.almse-akademie.de) ist er selbst Social Entrepreneur und unterstützt die Vision, Social Entrepreneurship im Lehrplan an Schulen zu implementieren.

Der Fokus auf unternehmerisches Handeln im sozialen und ökologischen Kontext bildet somit sowohl Erfahrungshintergrund als auch Forschungsinteresse, u.a. im Verbundprojekt Impact for Future.

Kontakt unter gehra@hm.edu

Stichwortverzeichnis

Die Angaben verweisen auf die Seitenzahlen des Buches.

1

17 Ziele für nachhaltige Entwicklung 15, 45, 80

A

Ashoka 23, 26, 27, 42, 77, 79, 84, 92, 98, 101, 105, 110
Außenfinanzierung 71

B

Bachelorstudiengänge 107, 109
Bill Drayton 26, 98, 101
BonVenture 77
Bundesregierung 19, 27
Bürgschaften 73
Business Model Canvas 33

C

Community 5, 24, 26, 28, 70, 103, 114
Corporate Social Entrepreneurship 84
Corporate Social Responsibility 11, 24, 109
Crowdfunding 79

D

Dead Weight 52, 53, 56
Definition 13, 16, 17, 22, 23, 25, 69, 84, 97, 98
Design Thinking 30, 87
Diffusion 29, 30, 39, 40

E

Ecogood Business Canvas 34, 35
Effektivität 45, 46, 60
Effizienz 45, 50, 60
Eigenkapital 72
Einzelunternehmen 63
Entrepreneurship 5, 13, 14, 16, 18, 19, 21, 23, 24, 27–29, 39, 40, 43, 45, 46, 48, 49, 51, 52, 57, 58, 60, 61, 64, 67, 68, 70, 71, 73–75, 77–81, 83, 89, 91–95, 97, 98, 100–106, 108–111, 113, 115, 129
Ertragsmodell 37
Ertragsmodelle 25
Europäischen Kommission 22, 23, 27, 117
Experimentierfelder 89

F

Finanzierung 71
Finanzintermediäre 77
Florence Nightingale 14
Forschung 19, 28, 32, 59, 61, 84, 97, 102, 104, 106, 109, 113
Franz von Assisi 14
Fremdkapital 72
Friedrich von Bodelschwingh 14
Friedrich Wilhelm Raiffeisen 14, 67

G

Gemeinnützigkeit 66, 74, 80
Gemeinwohl 17, 20, 34, 60, 75, 86, 101, 115
Gemeinwohlorientierung 21
Genossenschaften 16, 20, 63, 66, 67
Geschäftsmodell 29, 32, 33, 36, 37, 40, 52, 68, 69, 88, 113
Geschäftsmodelle 43, 71, 74, 75, 87, 88, 110, 115, 117
Gewinnmaximierung 15, 23, 26, 91
Gifford Pinchot 83
Governance 22, 23, 69, 70, 86
Gründung 17, 25, 27–29, 32, 43, 63, 65, 67–70, 83, 91, 92, 94, 110
Gründungsphasen 5, 29, 31, 43, 81

H

Henri Dunant 14
Hybride Gestaltung 69
hybrider Finanzierungsstruktur 68
Hybridkapital 73

I

Impact 11, 24, 45–48, 50, 51, 59, 75–78, 80, 92, 99, 104, 129
Impact Finance 75
Impact Investing 75
Implementierung 29, 88
Inkubatoren 80
Innenfinanzierung 71
Innovation 14, 17, 19, 22, 23, 27, 29–31, 39, 40, 42, 46, 48, 77, 87, 99, 101, 105, 106, 109, 110, 129
Innovation School of Thought 19
Innovationen 13–19, 21, 22, 27, 28, 30–33, 38–40, 42, 43, 46, 60, 80, 83–89, 91, 98, 99, 103–106, 108, 109, 113, 129
Innovationslabor 87
Innovationslabore 87
Innovationsprozess 29, 30
Input 11, 45, 47, 52, 88
Intrapreneurship 83, 84, 86, 88, 89, 99
Investor:innen 46, 72
IOOI-Methode 47

K

Kapitalgesellschaften 63–65
Kreativität 5, 14, 32, 60, 83, 87, 93
Kritik 57, 58, 61, 97, 101, 102

L

Lehrmaterial 102, 106, 110
Leistungsbasierte Einkommen 21
Leistungsentgelte 71

M

Magisches Dreieck 35
Maria Montessori 14
Marktwirtschaft 15
Massive Open Online Courses 107
Masterstudiengänge 108
Mezzaninkapital 73
Mikrofinanzfonds 75
Mikrokredite 13, 100
Milton Friedman 15
Muhammad Yunus 25, 26, 101

Murray 30, 31, 33, 38
Mutter Theresa 14

N

Nachrichtenlose Vermögenswerte 80
Nebenwirkungen 59, 60
Netzwerk 5, 11, 27, 48, 84, 102–105

O

ökologische Nachhaltigkeit 17
Outcome 11, 47, 51
Output 11, 45, 47, 51, 52

P

Personengesellschaften 63, 65, 66
Problemdefinition 29
Prompts 31
Proposals 32
Prototypen 30, 38
Prototypenentwicklung 29

R

Rechtsform 21, 63–71, 97

S

School of Thought 19
Schumpeter 13, 14
Schwab-Stiftung 98
SEA 27, 103, 106
Selbstausbeutung 97, 99, 102
SEND e.V. 23, 27, 29, 31, 69, 103, 111, 113
Shareholder Value 15, 46
Skalierung 29, 31, 39, 40, 42, 78
Social Business 19, 25, 26, 33, 34, 77, 108, 115
Social Business Model Canvas 33, 34
Social Enterprise 19, 25, 28, 70, 73, 79, 80, 92, 113, 115
Social Enterprise School of Thought 19
Social Entrepreneur 13, 15, 27, 98, 129
Social Entrepreneurs 14–16, 19, 21, 24–27, 33, 37, 40, 43, 45, 48, 49, 59, 66, 70, 71, 73, 77, 82, 84, 85, 97–99, 101, 102, 105, 106, 110, 111

Stichwortverzeichnis

Social Entrepreneurship 5, 11, 13–16, 18–30, 35, 40, 45, 46, 49, 57, 58, 60, 61, 63, 68–71, 77, 80, 89, 91, 92, 95, 97–108, 110, 111, 113, 117, 129
Social Franchising 40, 41
Social Impact Assessment 48
Social Impact Bonds 11, 46, 78
Social Impact Measurement 46, 48
Social Intrapreneurs 5, 82, 84–87, 89, 99, 105
Social Intrapreneurship 83–89, 99
Social Startups 19, 22, 80, 104
Social-Venture-Capital-Fonds 78
Soziale Bewegungen 16
soziale Innovation 38–40, 42, 45, 77
Sozialen Innovationen 15, 19, 99, 104
sozialen Marktwirtschaft 26
soziales Unternehmertum 19, 20, 23, 27, 45, 100
Sozialstaat 101
Sozialunternehmen 15, 19–23, 36–39, 42, 60, 66, 68–70, 72, 76–79, 89, 98, 99, 103, 117
Sozialunternehmer 25
Spenden 72
SROI 49, 51–57
SRS 49, 51, 57
Stakeholder 22, 34, 46–48, 54, 56, 59
Startup 19, 78, 99, 104, 111
Stiftungen 20, 21, 37, 40, 45, 48, 63, 66, 72, 76, 77, 80, 87, 98

Studiengänge 91, 107
Sustaining 38
Systematic Change 42
systemischer Wandel 43
Systemveränderung 26, 29

T

Theory of Change 47
Trio-Modell 93, 94

U

Unternehmen 13, 15, 16, 19, 20, 23, 25, 26, 39, 40, 46, 49, 61, 65–67, 70, 72, 74–79, 82–84, 86, 92, 94, 98, 100, 101, 105, 108, 111, 113–115
Unternehmertum 20

V

Verantwortungseigentum 69, 70
Vereinen 21, 63

W

Wirkung 29, 35, 37, 39, 43, 45–54, 57, 58, 60, 61, 67, 71, 75–79, 89, 105, 110
Wirkungsanalysen 45, 47
Wirkungskette 47, 49, 51–54, 56, 57
Wirkungslogik 47, 49, 52
Wirkungsmessung 5, 45–49, 55, 57–61, 76, 79
Wirkungstreppe 47, 49–53, 57

Bereits erschienen in der Reihe
STUDIENKURS SOZIALWIRTSCHAFT (ab 2019)

Link zum Nomos-Shop

Führung – Leadership
Von Prof. i.R. Dr. Armin Wöhrle, Prof. Dr. Maik Arnold, Prof. Dr. Paul Brandl, Prof. Dr. Yvonne Knospe, Prof. Dr. Frank Unger und FH-Prof. Dr. Brigitta Zierer
2022, 295 Seiten, broschiert,
ISBN 978-3-8487-8511-7

Qualitätsmanagement – Qualitätsentwicklung
Von Prof. i.R. Dr. Armin Wöhrle, Prof. Dr. Michael Boecker, Prof. Dr. Paul Brandl, Prof. Dr. Klaus Grunwald, Prof. Dr. Ludger Kolhoff, Prof. Dr. Sebastian Noll, Prof. Dr. Jochen Ribbeck, Prof. Dr. Monika Sagmeister
2021, 211 Seiten, broschiert,
ISBN 978-3-8487-7884-3

Projektmanagement
Von Prof. Dr. Ludger Kolhoff
2., aktualisierte und erweiterte Auflage, 2020, 138 S., broschiert
ISBN 978-3-8487-5813-5

Sozialinformatik
Digitaler Wandel und IT-Einsatz in sozialen Organisationen
Von Prof. Helmut Kreidenweis
3., vollständig überarbeitete Auflage 2020, 275 S., broschiert
ISBN 978-3-8487-5665-0

Bereits erschienen in der Reihe STUDIENKURS SOZIALWIRTSCHAFT (ab 2019)

Grundlagen des Managements in der Sozialwirtschaft
Von Prof. i.R. Dr. Armin Wöhrle, Prof. Dr. Reinhilde Beck, Prof. Dr. Klaus Grunwald, Dr. Klaus Schellberg, Prof. em. Dr. Gotthart Schwarz und Prof. Dr. Wolf Rainer Wendt
3., unveränderte Auflage 2019, 240 S., broschiert
ISBN 978-3-8487-4989-8

Organisationsentwicklung – Change Management
Von Prof. i.R. Dr. Armin Wöhrle, Prof. Dr. Reinhilde Beck, Prof. Dr. Paul Brandl, Karsten Funke-Steinberg, Prof. Dr. Urs Kaegi, Dominik Schenker und Prof. Dr. Peter Zängl
2019, 332 S., broschiert
ISBN 978-3-8487-4457-2

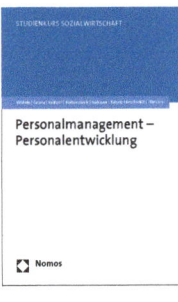

Personalmanagement – Personalentwicklung
Von Prof. i.R. Dr. Armin Wöhrle, Peggy Gruna, Prof. Dr. Ludger Kolhoff, Prof. Dr. Georg Kortendieck, Prof. Dr. Brigitta Nöbauer, Prof. Dr. Andrea Tabatt-Hirschfeldt und Dr. Raik Zillmann
2019, 238 S., broschiert
ISBN 978-3-8487-4339-1